1 MONTH OF
FREE
READING

at
www.ForgottenBooks.com

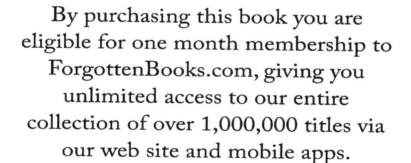

By purchasing this book you are eligible for one month membership to ForgottenBooks.com, giving you unlimited access to our entire collection of over 1,000,000 titles via our web site and mobile apps.

To claim your free month visit:
www.forgottenbooks.com/free464309

ISBN 978-0-666-36792-1
PIBN 10464309

IDEEN-MAGAZIN

für

Architecten, Künstler und Handwerker,

die mit der Baukunst und ihren Einzelheiten zu thun haben,

als

Maurer, Zimmerleute u. s. w.,

wie auch

für Bauherren und Gartenbesitzer,

enthaltend eine reichhaltige Sammlung von Zeichnungen zu Gebäuden aller Art und Bestimmung, mit ihren Theilen und Grundrissen,

als:

zu Stadt- Land- Gewächs- und Badehäusern, Tempeln, Capellen, Cabinetten, Balcons, Balustraden, Nischen, Zimmerverzierungen, Thüren, Fenstern und andern Einzelheiten, Brucken, Geländern, Sitzen, Vermachungen, Gatterwerken, geheimen Cabinetten, Gondeln, Schwanenhäuschen etc. etc.

Im englischen, italienischen, gothischen, türkischen, persischen, indischen und chinesischen Geschmack.

Auch zum Nachzeichnen in Sonntags- und Industrie-Schulen brauchbar.

Herausgegeben

vom

PROFESSOR J. G. GROHMANN.

Neue vermehrte Auflage.

dritter Band, erstes Heft von 6 Blättern.

(Preis 8 Gr.) n

LEIPZIG, 1837.
Baumgärtner's Buchhandlung.

☞ [*La description des planches s'y trouve aussi en français.*]

Beschreibung.

Tafel I.

Ein Denkmal in Gestalt einer Vase, am Ufer eines sich schlängelnden und mannigfaltige Aussichten gewährenden Bachs.

Mb 39

Tafel II.

Eine Ansicht von dem Hause eines chinesischen Kaufmanns in Canton. Von der Seite der Straße sind sie sehr einfach, — allein von der Wasserseite, wie wir auf unserer Platte vorgestellt, sind dieselben sehr artig und geschmackvoll gebaut.

Tafel III.

Fig. a. Eine Kanalvermachung im gothischen Geschmack. Die begiebelten Pfeiler sind mit Pyramiden geziert.

Fig. b. Ein Teichzapfen, mit einem Blumentopfe geziert, und chinesischem Gatterwerk.

Fig. c. Ein Gartenkabinett von rohen Holzstäbchen und mit Stroh gedeckt. Um dasselbe herum geht ein bedeckter Gang, der von jungen, ihrer Krone beraubten Bäumen getragen wird.

Fig. d. Der Grundriß zu obigem Kabinett.

Fig. e. Eine Gartennische von rohen Holzstäbchen. Das Dach und der auf die Spitze desselben befindliche Busch ist von Stroh, und das Feld über der Doppelthüre von Korbwerk.

Fig. f. Ein offenes Kabinett; in Gestalt einer kleinen gothischen Kapelle.

Fig. g. Eine Bogenbrücke mit einem Geländer, das mit Epheu bewachsen ist.

Tafel IV.

A. In einer Gebirgslandschaft steht ein anspruchsloses Landhaus, das einen sehr angenehmen Sommeraufenthalt gewährt. Der Grundriß

B. ist, soviel es die Beschränktheit des Platzes erlaubt, bequem eingerichtet. An einem kleinen Saal *a.* liegt das Schlafzimmer *b.* an demselben eine kleine Garderobe *c.* ein geheimer Ort *d.* zur andern Seite des Saals giebt eine Stube und *e.* eine Küche sehr viel Bequemlichkeit. Die freie Treppe *g.* führt über den freien Austritt *h.* in das obere Geschoß, welches zu Zimmern und Schlafbehältnissen einzurichten ist.

Description.

PLANCHE I.

Ce monument, en forme de vase, est propre à remplir avantageusement une place sur les bords d'un ruisseau, dont les sinuosités offriroient des tableaux variés et pittoresques.

PLANCHE II.

Vue de la maison d'un marchand chinois à Canton. Ces especes de bâtimens sont fort simples du côté de la rue; mais en revanche bâtis avec goût du côté opposé, faisant face à la rivière; tel que nous l'offre la planche ci-jointe.

PLANCHE III.

Fig. a. Fermeture de canal, entre deux pieds-droits terminés en pyramide.

Fig. b. Bonde pour un étang, ornée d'un pot de fleurs, et d'un treillage dans le goût chinois.

Fig. c. Cabinet de jardin, en bois brut, et couvert de chaume. Il règne tout autour un périptère dont le toit, est appuyé sur des arbres étêtés, qui représentent en même temps des colonnes.

Fig. d. Plan de ce cabinet.

Fig. e. Niche de bois brut, pour un jardin. Le toit et le panache, qui le couronne, sont de paille. Le champ entre la porte et le toit est en vannerie.

Fig. f. Cabinet ouvert, en manière de chapelle gothique.

Fig. g. Pont avec un garde-fou tapissé de lierre.

PLANCHE IV.

Maison simple et champêtre dans une contrée montagneuse, devant être un charmant séjour pendant la belle saison. Le plan

B. est, autant que le permet la limitation de la place, arrangé convenablement. Un petit salon *a.* est adjacent à la chambre à coucher, *b.* proche de cette dernière est une petite garderobe *c.* les lieux d'aisance *d.* de l'autre côté du salon se trouvent une chambre et *e.* une cuisine qui offrent beaucoup de commodités. Les escaliers *g.* conduisent par le vestibule h. à l'étage supérieur, lequel peut être arrangé de manière à renfermer des appartemens et des chambres à coucher.

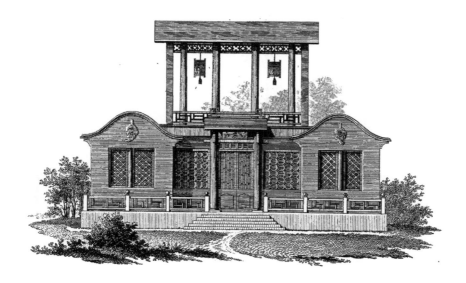

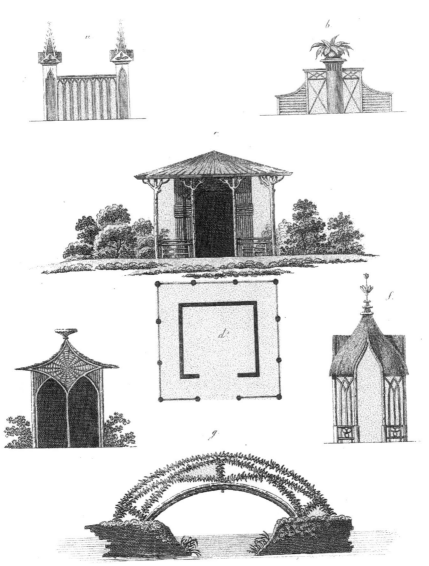

A

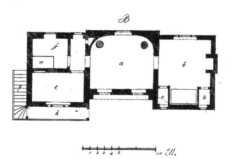

B

A

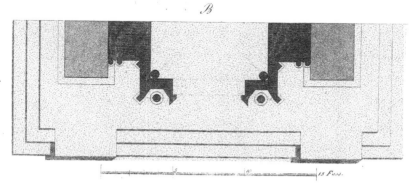

B

Tafel V.

Dieses Blatt stellt ein Bein= oder Todtenhaus in einem sehr zierlichen gothischen Styl dar. Der Giebel ist mit zwei Spitzsäulen, zwei kleinen Kapellchen, einer Gallerie und einem großen und einem kleinen Fenster und einem Kreuze verziert. In zwei Bilderblinden mit künstlichen Bedachungen steht ein menschliches Skelet, hinten mit einem Tuche bedeckt und ein Stundenglas und ein Grabscheit in der Hand, und die Statue der Zeit mit einer Sense.

An den Ecken des Gebäudes stehen Grabmäler in demselben Style.

Der darunter befindliche Grundriß stellet die Hälfte oder auch einen geringern Theil von dem Grundbaue des Gebäudes dar.

Daß übrigens dieses Gebäude als Verschönerung einer melancholischen Gartenpartie gebraucht werden kann, darf wohl nicht erst erinnert werden.

Tafel VI.

Fig. a. Eine Vermachung von Holz, Nachahmung des chinesischen Geschmacks.

Fig. b. Ein Gartenstuhl von rohen Holzstäbchen.

Fig. c. Ein runder Tempel, von sechzehn rohen Stämmen getragen, und mit Stroh gedeckt. Er muß in eine ganz ländliche Scene zu stehen kommen.

Fig. d. Ein Gartenstuhl wie Fig. b.

Fig. e. Ein Denkmal, von Stein, oder von Holz mit Steinstaub überpudert.

Fig. f. Eine viereckige Brunnenverkleidung, mit einem Ueberbau in Gestalt einer gothischen Heiligenkapelle.

Fig. g. Eine chinesische Brücke von rohem Holz, mit einem Pavillon zum Fischangeln. Diese Brücke wird nur da angebracht, wo man außer dem Vergnügen des Angelns den Genuß einer schönen Aussicht hat.

PLANCHE V.

Cette planche représente un charnier du genre gothique et chargé d'ornemens. La façade de son pignon est décorée de deux colones pointues, surmontées chacune d'une petite coupole, d'une gallerie, d'une grande et d'une petite fenêtre et d'une croix. On y remarque deux niches recouvertes chacune d'un chapiteau fait avec beaucoup d'art : dans l'une est un squelette d'homme, dont le dos est recouvert d'un linceul, et qui tient à la main un sablier et une bèche, et dans l'autre le temps avec une faux. Aux deux angles de cet édifice, sont deux monumens funéraires, dans le même genre.

On a représenté dans le plan ichnographique, qui se trouve dessous, la moitié environ des foundemens de cet édifice. Il est inutile de remarquer ici, qu'il ne peut et ne doit servir d'ornement, qu'à la partie la plus solitaire d'un jardin.

PLANCHE VI.

Fig. a. Fermeture en bois, imitée des Chinois.

Fig. b. Chaise de jardin en branches brutes.

Fig. c. Temple rond supporté par seize tiges d'arbres encore en grume, et couvert de chaume. Il doit être placé dans une scène tout-à-fait agreste.

Fig. d. Chaise faite comme celle de la Fig. b.

Fig. e. Monument de pierre ou de bois saupoudré de pierre broyée.

Fig. f. Revêtement quadrangulaire de fontaine, avec un couronnement en forme d'oratoire gothique.

Fig. g. Pont chinois, en bois brut, avec un pavillon pour pêcher à la ligne. Outre le plaisir de la pêche, ce pont doit encore offrir une vue piquante et étendue.

ANKUENDIGUNG.

Es haben sich nach und nach und wiederum die Auflagen der bekannten Kupferwerke des (grossen) und kleinen Ideen-Magazins, vergriffen. Dieselben enthalten für den Architecten und jeden Künstler und Handwerker, der mit der Baukunst zu thun hat, als für Zimmerleute, Maurer u. s. w., einen wahren Schatz.

Alles, was Frankreich und England in der Periode des Erscheinens jener herrlichen Sammlungen an Ideen zu grössern und besonders kleinern, zur Zierde oder zum Vergnügen bestimmten Gebäuden, oder dafür passende Einzelheiten zu verschiedenen Bestimmungen und in eben so verschiedenen Gestalten und Geschmack boten, findet man hier in Gesellschaft einer Menge Original-Zeichnungen durch herrliche Kupferstiche dargestellt.

Der hohe Preis, welchen die erste mit so vielem Aufwande verknüpfte Herstellung dieser Prachtwerke bedung, machte es dem unbemittelteren Theil des Publicums unmöglich, sich in Besitz dieser Reihenfolge geistreicher architectonischer Erfindungen zu setzen.

Reichlich durch die zahlreiche Theilnahme belohnt, welche dieselbe bis hierher fand, hat sich die Verlagshandlung entschlossen, ihren Schatz auch dem grösseren Publicum durch die äusserst billigen Bedingungen zugänglich zu machen, welche sie für die neue Auflage eintreten lässt.

Die bisher erschienenen Hefte (jedes zu 6 fein gestochenen Blättern) werden über die grosse Reichhaltigkeit dieser Sammlung keinen Zweifel zulassen und durch die wahrhaften Kunstwerke für so geringen Preis zu recht vielfacher Theilnahme einladen.

Zwölf Hefte werden jedesmal einen Band bilden.

In dieser neuen Ausgabe des Ideen-Magazins wird nur aus den ältern Werken das gezogen, welches geschmackvoll, zeitgemäss und anwendbar ist; alles Uebrige davon wird bei Seite gelegt werden.

Baumgärtner's Buchhandlung in Leipzig.

(*Alle Buchhandlungen nehmen Bestellungen an.*)

IDEEN-MAGAZIN

für

Architecten, Künstler und Handwerker,

die mit der Baukunst und ihren Einzelheiten zu thun haben,

als

Maurer, Zimmerleute u. s. w.,

wie auch

für Bauherren und Gartenbesitzer,

enthaltend eine reichhaltige Sammlung von Zeichnungen zu Gebäuden aller Art und
Bestimmung, mit ihren Theilen und Grundrissen,

als:

zu Stadt- Land- Gewächs- und Badehäusern, Tempeln, Capellen, Cabinetten, Balcons, Balustraden, Nischen, Zimmerverzierungen, Thüren, Fenstern und andern Einzelheiten, Brücken, Geländern, Sitzen, Vermachungen, Gatterwerken, geheimen Cabinetten, Gondeln, Schwanenhäuschen etc. etc.

Im englischen, italienischen, gothischen, türkischen, persischen, indischen und chinesischen Geschmack.

Auch zum Nachzeichnen in Sonntags- und Industrie-Schulen brauchbar.

Herausgegeben

vom

PROFESSOR J. G. GROHMANN.

Neue vermehrte Auflage.

dritter Band, zweites Heft von 6 Blättern.

(Preis 8 Gr.)

LEIPZIG, 1837.
Baumgärtner's Buchhandlung.

[La description des planches s'y trouve aussi en français.]

Beschreibung.

Tafel I.

Ein Wasserkabinett im chinesischen Geschmack.

Tafel II.

Giebt die Idee zu einem römischen Gartensitze, der, symmetrisch zu beiden Seiten des Vorplatzes eines Landhauses angebracht, eine herrliche Wirkung thun und das Ganze ungemein günstig hervorheben würde. Derselbe ist aber ganz vorzüglich zu jenen, oft so nöthigen Verdeckungen ungünstiger Gegenstände anzuwenden, welche durch ihn auf eine sehr leichte, schickliche und wenig kostspielige Weise entfernt werden können. Hier heißt er ein römischer; er kann aber auch, je nachdem es der Hauptgegenstand, dem er sich anschließen, oder dem er harmonisch entsprechen soll, erfordert, sehr leicht in einen gothischen, ländlichen oder idyllischen umgewandelt werden, ohne deshalb einen bedeutenden Kostenaufwand nöthig zu machen. Die Rückenwand eines solchen Gartensitzes kann massiv, oder auch von Holzwerk sein, und statt des Weins können auch andere wohlriechende und schönblühende Rankengewächse gewählt werden. Unsere Idee soll nur Winke zur Erfindung ähnlicher zweckmäßiger Verdeckungen und Dekorationen geben.

Tafel III.

Eine Pferdetränke, mit einem kleinen offenen Pavillon für Zuschauer, im morgenländischen Styl. Ein ähnliches Gebäude befindet sich in Constantinopel im Serail des Groß-Sultans.

Tafel IV.

Eine Pachter- oder Bauern-Wohnung, in mehreren Ansichten dargestellt. Landhäuser dieser Art sind vorzüglich in England häufig im Geschmack, und ihre Bauart ist nichts weniger als kostspielig, ohngeachtet sie bedeutenden Raum, nicht nur für ihre nächste Bestimmung, sondern auch zugleich für Familien aus der Stadt zu einem angenehmen Sommeraufenthalt darbieten. Außerdem, daß solche Gebäude ganz vorzüglich die Landschaft auf eine schickliche Weise verschönern helfen, gestatten sie auch der Phantasie und der Bequemlichkeit immer einen erwünschten Spielraum, indem die Form derselben jeden beliebigen Anbau zuläßt, und — wenn ich so sagen darf — jede gemüthliche Harmonie möglich macht, welche die strenge Etiquette der Symmetrie in der eleganten Baukunst fast nie verträgt.

Description.

PLANCHE I.

Fontaine pratiquée dans un cabinet chinois.

PLANCHE II.

Notre planche offre le modèle d'un siége de jardin romain, qui, disposé symétriquement de chaque côté de l'entrée d'une maison de campagne, produirait un effet charmant et relèverait tout l'ensemble d'une manière extrêmement avantageuse. — Il nous paraît surtout très-propre à masquer certains objets défavorables et à les soustraire ainsi à la vue par un moyen facile, ingénieux et peu coûteux. — Ce siége porte ici le nom de romain, mais rien ne s'oppose à ce qu'on en fasse un siége gothique, rustique ou champêtre, selon le caractère du bâtiment principal auquel on voudra le joindre ou avec lequel il devra s'harmonier, sans pour cela qu'il y ait augmentation notable de dépense. — Le fond d'un siége de cette espèce peut être construit soit en maçonnerie soit en bois; et au lieu d'une vigne, on peut choisir toute autre plante odoriférante. — Le dessin que nous présentons n'a pour but que de faciliter l'invention d'autres décorations utiles du même genre.

PLANCHE III.

Un abreuvoir, avec un petit pavillon ouvert, à l'usage des spectateurs, le tout d'architecture orientale. On trouve un bâtiment tel que celui ci à Constantinople dans le sérail du Grand Seigneur.

PLANCHE IV.

Maison de fermier ou de cultivateur, vue sous différents aspects. — C'est surtout en Angleterre que les habitations de ce genre offrent le plus de variété sous le double rapport de la distribution et de la forme; et, bien qu'elles soient assez spacieuses, non seulement pour les besoins de leur destination principale, mais encore pour recevoir des citadins à qui elles offrent un agréable séjour d'été, leur construction n'est cependant rien moins que coûteuse. — Outre que de semblables habitations contribuent beaucoup à l'embellissement du paysage, elles laissent au goût ou aux convenances de chacun toute la latitude désirable, en ce que leur forme permet d'y joindre toute espèce de bâtiments et de leur donner ce doux comfortable presque toujours incompatible avec les règles sévères d'une élégante architecture. —

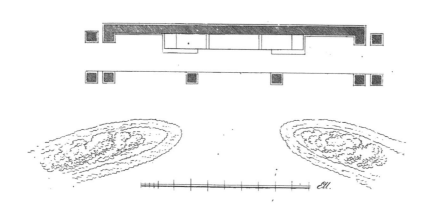

Ell.

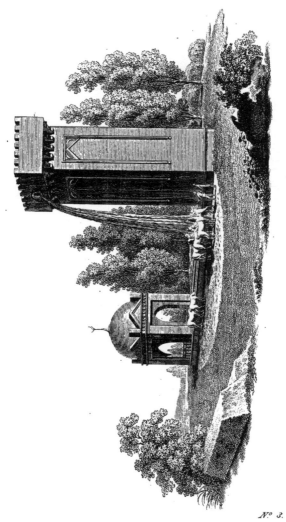

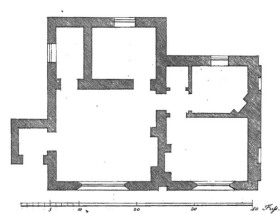

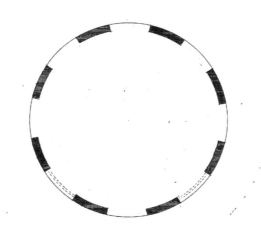

A

B

C

F

10. Ellen.

B. 2. H.

Nº 6.

Tafel V.

Wildfütterungsplätze sind auf mannigfaltige Weise zu dekoriren; die hier gegebene Idee dazu dürfte sich aber vor vielen andern durch Simplicität und Zweckmäßigkeit empfehlen, auch, bis auf die Figur des lagernden Hirsches, die ihr zur Verzierung gegeben wurd selbst von ganz gewöhnlichen Zimmerleuten auszuführen sein. Wir schlagen als den schicklichsten Platz dazu eine Ebene im Walde, oder eine freie Gegend am Eingange in denselben vor; doch muß dieselbe nicht zu weit von ihm entfernt sein, weil sonst der Gedanke an ihre Bestimmung gestört werden würde. Die Struktur besteht aus Säulen und Riegelwerk, welches mit Bretern verschalt wird, denen man eine Bekleidung von Baumrinden giebt. Die Bedachung kann von Stroh sein und zum Aufbewahrungsraume der Futtervorräthe dienen. Im Winter werden die großen Eingänge mit Bretern vermacht, und nur Einer derselben mit einer offenen Eingangsthüre versehen.

Tafel VI.

Fig. a. Ein Kabinett im gothischen Geschmack.

Es ist für die Ecke einer Gartenmauer bestimmt, und mit Bänken umgeben.

Vor sich hat man die Aussicht in einen geräumigen Gang.

Fig. b. Ist der Grundriß zu vorstehendem Kabinett.
Fig. c. Ein offener Pavillon in Gestalt einer gothischen Heiligenkapelle.

Er ist, wie *Fig. d.* der darunter befindliche Grundriß zeigt, auf ein Dreieck erbaut, dessen Winkel so abgestumpft sind, daß ein Sechseck daraus entstand.

Sechs rohe Stämme tragen das giebelreiche Dach.

Das unter demselben befindliche Tabernakel kann durch Inschriften bedeutsam und interessant gemacht werden.
Fig. e. und *f.* Altäre von Holz. Ersteres ist mit vier Kränzen behangen.

PLANCHE V.

Les maisonnettes destinées à la pâture du gibier sont susceptibles de décorations très-variées. — Toutefois le modèle que nous offrons ici nous paraît devoir l'emporter sur beaucoup d'autres, tant par sa simplicité que par sa convenance. — Toute cette construction d'ailleurs, sans même en excepter la figure du cerf couché qui lui sert d'ornement, peut être exécutée par les charpentiers les plus ordinaires. — L'emplacement le plus convenable, à notre avis, serait une clairière bien unie ou encore un lieu découvert à l'entrée d'un bois; cependant le pavillon ne devrait pas en être trop éloigné, car autrement l'idée de sa destination pourrait en souffrir. — Le tout consiste en colonnes et en assemblages de charpente couverts de planches revêtues d'écorces d'arbres. — La toiture peut être de paille et abriter en même temps un grenier à fourrage. — En hiver, les principales entrées, sont fermées au moyen de planches; une seule reste pourvue d'une porte d'entrée.

PLANCHE VI.

Fig. a. Cabinet de style gothique.

Il est destiné à être placé dans un angle de jardin.

Comme il domine sur une allée belle et spacieuse, on y a pratiqué des bancs, qui doivent contribuer à en rendre le séjour momentané plus intéressant.

Fig. b. Plan de cabinet.
Fig. c. Pavillon ouvert, en forme de chapelle gothique.
Fig. d. Comme on peut le voir par cette figure, ce pavillon est bâti en triangle, mais les angles sont si abattus, qu'il en est résulté un hexagone.

Le toit porte sur des arbres revêtus de leur écorce.

On peut, par quelque allégorie piquante, répandre beaucoup d'intérêt sur le tabernacle renfermé dans ce pavillon.
Fig. e. et *f.* Deux autels en bois, dont le premier est décoré de quatre couronnes.

ANKUENDIGUNG.

Es haben sich nach und nach und wiederum die Auflagen der bekannten Kupferwerke des (grossen) und kleinen Ideen-Magazins vergriffen. Dieselben enthalten für den Architecten und jeden Künstler und Handwerker, der mit der Baukunst zu thun hat, als für Zimmerleute, Maurer u. s. w., einen wahren Schatz.

Alles, was Frankreich und England in der Periode des Erscheinens jener herrlichen Sammlungen an Ideen zu grössern und besonders kleinern, zur Zierde oder zum Vergnügen bestimmten Gebäuden, oder dafür passende Einzelheiten zu verschiedenen Bestimmungen und in eben so verschiedenen Gestalten und Geschmack boten, findet man hier in Gesellschaft einer Menge Original-Zeichnungen durch herrliche Kupferstiche dargestellt.

Der hohe Preis, welchen die erste mit so vielem Aufwande verknüpfte Herstellung dieser Prachtwerke bedung, machte es dem unbemittelteren Theil des Publicums unmöglich, sich in Besitz dieser Reihenfolge geistreicher architectonischer Erfindungen zu setzen.

Reichlich durch die zahlreiche Theilnahme belohnt, welche dieselbe bis hierher fand, hat sich die Verlagshandlung entschlossen, ihren Schatz auch dem grösseren Publicum durch die äusserst billigen Bedingungen zugänglich zu machen, welche sie für die neue Auflage eintreten lässt.

Die bisher erschienenen Hefte (jedes zu 6 fein gestochenen Blättern) werden über die grosse Reichhaltigkeit dieser Sammlung keinen Zweifel zulassen und durch die wahrhaften Kunstwerke für so geringen Preis zu recht vielfacher Theilnahme einladen.

Zwölf Hefte werden jedesmal einen Band bilden.

In dieser neuen Ausgabe des Ideen-Magazins wird nur aus den ältern Werken das gezogen, welches geschmackvoll, zeitgemäss und anwendbar ist; alles Uebrige davon wird bei Seite gelegt werden.

Baumgärtner's Buchhandlung in Leipzig.

(Alle Buchhandlungen nehmen Bestellungen an.)

IDEEN-MAGAZIN

für

Architecten, Künstler und Handwerker,

die mit der Baukunst und ihren Einzelheiten zu thun haben,

als

Maurer, Zimmerleute u. s. w.,

wie auch

für Bauherren und Gartenbesitzer,

enthaltend eine reichhaltige Sammlung von Zeichnungen zu Gebäuden aller Art und
Bestimmung, mit ihren Theilen und Grundrissen,

als:

zu Stadt- Land- Gewächs- und Badehäusern, Tempeln, Capellen, Cabinetten, Balcons, Balustraden, Nischen, Zimmerverzierungen, Thüren, Fenstern und andern Einzelheiten, Brücken, Geländern, Sitzen, Vermackungen, Gatterwerken, geheimen Cabinetten, Gondeln, Schwänenhäuschen etc. etc.

Im englischen, italienischen, gothischen, türkischen, persischen, indischen und chinesischen Geschmack.

Auch zum Nachzeichnen in Sonntags- und Industrie-Schulen brauchbar.

Herausgegeben

vom

PROFESSOR J. G. GROHMANN.

Neue vermehrte Auflage.

dritter Band, drittes Heft von 6 Blättern.

(Preis 8 Gr.)

LEIPZIG, 1837.
Baumgärtner's Buchhandlung.

☞ [*La description des planches s'y trouve aussi en français.*]

Beschreibung.
Tafel I.

Ein Gartengebäude an, oder in einer Wasserpartie. Ein freier Gang b. mit einer eisernen Brüstung führt um das Gebäude herum. Die Hauptfaçade muß nach einer freien Aussicht zu sein. Zur Communication mit dem festen Lande steigt man auf den Treppen herab, die in eine unten stehende Fähre sich endigen, und aus welcher man mit Hülfe eines Kahns an das feste Land gelangt.

c. der Eingang; d. das Vorhaus; e. die Treppe, die nach oben in ein kleines Dachzimmer führt; f. ein kleines Behältniß; g. ein kleiner Salon; h. eine gewölbte Vorhalle mit einem eisernen Brüstungsgeländer.

Tafel II.

Die Abbildung einer sinesischen wirklich zu Sinkocien befindlichen Pagode.

Tafel III.

Dieses Blatt enthält ein ländliches Gartenhaus auf einer Felsenterrasse.

Eine in Felsen gehauene Treppe führt zu dem Gebäude, das aus rohen, schwachen Kiefernstämmchen erbaut, und mit einem Schilfdache bedeckt ist. Innerhalb desselben sind die Wände mit Schilfmatten behangen, die darin stehenden Bänke sind von rohem Holz mit Moose ausgepolstert, und mit Schilfmatte belegt.

Tafel IV.

Es bedarf keines Beweises, welche angenehme Wirkungen das Neue und Unerwartete in uns hervorbringt, das Neue, zu dessen Anlage uns bisweilen Nothwendigkeit antreiben kann. Wir liefern daher auf diesem Blatte eine Treppe, die auf einen Hügel leitet, und wobei mit den dazu erforderlichen Steinen sparsam umgegangen worden ist, indem jede Stufe immer nur so breit ist, daß man nur mit einem Fuße darauf treten kann. Auf dieser Zeichnung bediente sich der Künstler dazu gehauener Steine, man möchte aber vielleicht besser thun, wenn man rohe Feldsteine dazu wählte. Man tritt mit dem linken Fuße an, und findet dann immer auf dem Platze, wo man den Fuß hinsetzet, eine sichere Stufe. Der zwischen und neben den Stufen befindliche Rasen gewährt eine angenehme Abwechselung.

Description.
PLANCHE I.

Maison praticable au milieu ou proche d'un bassin; un passage à découvert b. muni d'une balustrade de fer, conduit autour du bâtiment. La façade principale doit faire face à une vue libre et qui s'étende fort loin. Les escaliers qui conduisent dans le canot attaché au mur, servent à y descendre lorsqu'on veut se rendre à terre; ce qui s'effectue à l'aide d'un autre canot.

c. L'entrée, d. le vestibule, e. escalier qui conduit à une mansarde, f. petit endroit propre à garder quelque chose, g. salon, h. portique avec une balustrade en fer.

PLANCHE II.

Représentation d'une pagode chinoise, qui se trouve à Sinkocien.

PLANCHE III.

Nous offrons dans cette planche, une maisonnette champêtre, située sur un rocher. Un escalier taillé dans le roc conduit à ce bâtiment, il est construit avec de petits troncs bruts de bois de pin, sa couverture est de joncs: les murs de l'intérieur sont tapissés de nattes de même matière, et le fond des bancs de bois dont il est garni, est aussi de nattes recouvertes de mousse.

PLANCHE IV.

Tous les hommes sont sensibles aux charmes de la nouveauté, et il en est peu, sur qui une scène nouvelle et inattendue, ne produise un effet agréable. Nous donnons donc ici aux amateurs du nouveau un modèle d'escalier, qui conduit au haut d'une colline. Les pierres employées à sa construction sont si étroites, que chaque marche à tout juste la largeur nécessaire pour pouvoir y placer un pied. Quoique l'artiste se soit servi dans ce dessin de pierres taillées, il est pourtant à présumer que des pierres brutes seroient d'un meilleur effet. La distance d'une marche à l'autre est telle, qu'on peut la franchir avec la plus grande commodité, et l'intervalle qui les sépare est, ainsi que les côtés, garni d'un gazon qui produit une variété très-agréable.

Ländliches Gartenhäuschen des Prinzen Ernst zu Hessen.

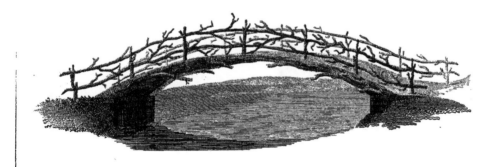

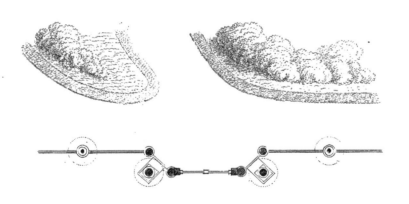

Die auf demselben Blatte gegebene Brücke über einen kleinen Bach, von rohen, absichtlich gewählten Steinen, die durch ihre Hervorragung das Brückengeländer bilden, befindet sich in einem engen, verwilderten Thale.

Tafel V.

Der auf diesem Blatte dargestellte Altar ist der Gesundheit gewidmet.

Wir glauben übrigens kaum erinnern zu dürfen, daß die Scene, in welcher dieser Altar steht, einen sehr heitern, lachenden und üppig grünenden und blühenden Anblick gewähren muß, denn die Göttin der Gesundheit wird doch ihren Altar, wenigstens mit ihrer Gegenwart beehren, und ihre Gegenwart muß auch auf die unbelebte Natur wirken.

Unter dem Altare befindet sich eine Brücke von ganz rohen und unbehauenen und unbeschnittenen Eichenstämmen, die nur, wie hier, in einer Waldscene angebracht werden kann.

Tafel VI.

Enthält die Idee zu einem türkischen Garten-Portal, das seinen schicklichsten Plaz in der Nähe des Schlosses oder Herrnhauses finden würde, wo seine leichte, freundliche und dennoch feste Struktur zwar zur dichten Einfriedigung der Luftpartheien dienen, aber auch den freien Hinblick auf dieselben nicht gewaltsam hemmen soll. — Das ganze Gebäude besteht, wie man siehet, aus leichtem Säulen- und Riegelwerk, das überall sonder große Mühe und Kunst auszuführen ist. Seine wesentliche Zierde wird durch einen schicklichen Farbenanstrich erhöht, welcher zwar, dem türkischen Geschmack gemäß, hervorstechend imponiren, aber auch zugleich durch veredelte Harmonie an die unsrigen erinnern muß: eine Aufgabe, die unsern gebildeten Grundbesitzern und Besitzerinnen gewiß nicht schwer werden wird. — Die Blumengefäße — natürlich nicht zur Anlehnung an die Landstraße oder andere öffentliche Pläze bestimmt — bestehen aus gebranntem Thon, und werden entweder mit Erde gefüllt und mit Blumenpflanzen versehen, oder dienen zur Fassung von allerlei Blumenscherbeln, mit denen von Zeit zu Zeit abgewechselt wird.

PLANCHE V.

Le pont que l'on voit dans cette planche, se trouve dans une vallée étroite et sauvage. Il est bâti sur un petit ruisseau, et les pierres dont on s'est servi pour le construire forment par leurs saillies une espèce de garde-fou.

L'autel représenté sur cette planche est dédié à la santé.

Nous croyons, presque superflu de prévenir, que la scène, destinée à cet autel, doit, de tous côtés, offrir une verdure si gaie, si riante, un émail de fleurs si varié, qu'en quelque lieu que l'oeil se porte, il ne puisse s'arrêter qu'avec volupté: car la Déesse de la santé, étant censée honorer de sa presence les lieux qui lui sont consacrés, doit faire jouir de ses douces influences tous les objets environnans.

Sous cet autel, on trouve un pont fait en tiges de chêne revêtues de leurs branches et de leur écorce. Ce pont ne peut être exécuté que dans un bois.

PLANCHE VI.

Cette planche représente une arcade turque qui ne saurait être plus convenablement placée que dans un jardin, près de l'habitation, où la structure à la fois légère, élégante et solide pourrait ajouter au charme du paysage sans cependant en masquer trop la vue. — Comme on le voit, toute cette construction n'est qu'un léger ouvrage de charpente orné de colonnes, et d'une exécution partout facile sans beaucoup d'art ni de peine. — L'un des principaux ornements de cette arcade consiste dans la teinte habile qu'on saura lui donner. — Pour se conformer au goût turc, il convient que les tons de couleur soient vifs et tranchés, sans trop heurter toutefois les teintes harmonieuses des objets environnants: mais c'est là un problème que le bon goût des propriétaires n'aura pas de peine à résoudre. — Les vases à fleurs n'étant point destinés à orner une chaussée ou tout autre lieu public, sont en argile cuite; on peut les remplir de terre et y planter des fleurs, ou bien on pourrait y insérer des pots de fleurs, ce qui laisserait la faculté de les renouveler de temps en temps. —

ANKUENDIGUNG.

Es haben sich nach und nach und wiederum die Auflagen der bekannten Kupferwerke des (grossen) und kleinen Ideen-Magazins vergriffen. Dieselben enthalten für den Architecten und jeden Künstler und Handwerker, der mit der Baukunst zu thun hat, als für Zimmerleute, Maurer u. s. w., einen wahren Schatz.

Alles, was Frankreich und England in der Periode des Erscheinens jener herrlichen Sammlungen an Ideen zu grössern und besonders kleinern, zur Zierde oder zum Vergnügen bestimmten Gebäuden, oder dafür passende Einzelheiten zu verschiedenen Bestimmungen und in eben so verschiedenen Gestalten und Geschmack boten, findet man hier in Gesellschaft einer Menge Original-Zeichnungen durch herrliche Kupferstiche dargestellt.

Der hohe Preis, welchen die erste mit so vielem Aufwande verknüpfte Herstellung dieser Prachtwerke bedung, machte es dem unbemittelteren Theil des Publicums unmöglich, sich in Besitz dieser Reihenfolge geistreicher architectonischer Erfindungen zu setzen.

Reichlich durch die zahlreiche Theilnahme belohnt, welche dieselbe bis hierher fand, hat sich die Verlagshandlung entschlossen, ihren Schatz auch dem grösseren Publicum durch die äusserst billigen Bedingungen zugänglich zu machen, welche sie für die neue Auflage eintreten lässt.

Die bisher erschienenen Hefte (jedes zu 6 fein gestochenen Blättern) werden über die grosse Reichhaltigkeit dieser Sammlung keinen Zweifel zulassen und durch die wahrhaften Kunstwerke für so geringen Preis zu recht vielfacher Theilnahme einladen.

Zwölf Hefte werden jedesmal einen Band bilden.

In dieser neuen Ausgabe des Ideen-Magazins wird nur aus den ältern Werken das gezogen, welches geschmackvoll, zeitgemäss und anwendbar ist; alles Uebrige davon wird bei Seite gelegt werden.

Baumgärtner's Buchhandlung in Leipzig.

(Alle Buchhandlungen nehmen Bestellungen an.)

IDEEN-MAGAZIN

für

Architecten, Künstler und Handwerker,

die mit der Baukunst und ihren Einzelheiten zu thun haben,

als

Maurer, Zimmerleute u. s. w.,

wie auch

für Bauherren und Gartenbesitzer,

enthaltend eine reichhaltige Sammlung von Zeichnungen zu Gebäuden aller Art und
Bestimmung, mit ihren Theilen und Grundrissen,

als:

zu Stadt- Land- Gewächs- und Badehäusern, Tempeln, Capellen, Cabinetten, Balcons, Balustraden, Nischen, Zimmerverzierungen, Thüren, Fenstern und andern Einzelheiten, Brücken,
Geländern, Sitzen, Vermachungen, Gatterwerken, geheimen Cabinetten, Gondeln,
Schwanenhäuschen etc. etc.

*Im englischen, italienischen, gothischen, türkischen, persischen, indischen und
chinesischen Geschmack.*

———

Auch zum Nachzeichnen in Sonntags- und Industrie-Schulen brauchbar.

Herausgegeben

vom

PROFESSOR J. G. GROHMANN.

Neue vermehrte Auflage.

Dritter Band, viertes Heft von 6 Blättern.

(Preis 8 Gr.)

————————

LEIPZIG, 1838.
Baumgärtner's Buchhandlung.

☞ [*La description des planches s'y trouve aussi en français.*]

Beschreibung.

Tafel I.

Das auf diesem Blatte dargestellte schöne Gebäude, in Gestalt einer edlen gothischen Kapelle, kann zu einem großen Gesellschafts=, oder Musiksaale eingerichtet werden, wo alsdann noch Platz zu einem Spielzimmer übrig gelassen werden müßte.

Soll es seine volle Wirkung haben, so muß es ein freier Platz von bedeutender Größe umgeben, der dann mit Baumgruppen so einzufassen wäre, daß von verschiedenen interessanten Theilen des Gartens die Aussicht auf dasselbe offen bliebe.

Tafel II.

a. Ein Jagdschirm.
b. Eine Brücke in ländlichem Geschmack.
c. Ein Weinberghäuschen. Unter diesem ist der Keller angebracht.

Tafel III.

a. Ein Landhäuschen in gothischem Geschmack, von Baumrinde und beschältem Holze.
b. Grundriß dazu.
c. Ein Gartensitz in asiatischem Geschmacke.
d. Ein Hühner = und Taubenhaus.
e. Ein Obelisk, an welchem Sitze angebracht sind. Der Künstler dachte sich diesen Obelisk als ein Point de Vue auf einem isolirten und ziemlich hohen Berge.
f. Dieses Postament muß auf einem freien Rasenplatze stehen. Die darauf befindlichen vier Köpfe zeigen die Himmelsgegenden an.

Tafel IV.

Ein Pavillon in gothischem Geschmacke von rohen Holzstämmen aufgeführt und dekorirt, die mit Sorgfalt in ihrem natürlichen Zustande gewählt werden müssen, ohne der Kunst — den Riß und die Form des Ganzen ausgenommen — dabei viel zu gestatten. — Die Bedachung besteht aus Schindeln und die innere Be-

Description.

PLANCHE I.

Ce joli bâtiment, en forme de chapelle gothique, d'un style noble, peut être disposé pour une salle d'assemblée ou une salle de concert, mais dans ce cas, il faudroit y ménager une chambre pour le jeu.

Pour que ce bâtiment fit tout l'effet qu'il est susceptible de faire, il faudroit le placer dans un lieu découvert, imposant par son étendue, et parsemé de groupes d'arbres, disposés de manière qu'on pût l'apercevoir des parties les plus intéressantes du jardin.

PLANCHE II.

a. Pavillon de chasse.
b. Pont de goût champêtre.
c. Maisonette de vignoble, accompagnée d'une cave.

PLANCHE III.

a. Petite maison de campagne, d'architecture gothique, composée d'écorces d'arbres, et revêtue de planches.
b. Plan de cette maison.
c. Espece de banc, de goût asiatique.
d. Poulailler et pigeonnier.
e. Obélisque auquel on a pratiqué des sièges. Il faut pour bien faire, que ce monument serve de point de vue, et soit par conséquent placé sur un terrein élevé et isolé.
f. Ce piédestal doit être situé sur un terrein uni et couvert de gazon. Les quatre têtes qu'il porte marquent les points cardinaux.

PLANCHE IV.

Pavillon d'architecture gothique, construit en troncs d'arbres qui se trouvent dans leur état naturel, et qu'il faut bien choisir, sans trop accorder à l'art, excepté le plan et l'ensemble. — Le toit est en échandoles, et l'intérieur peut être revêtu d'écorces de bouleau ou le lambris peint d'une couleur con-

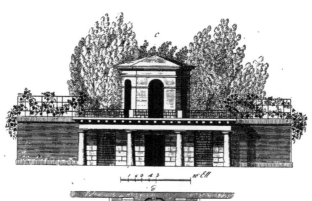

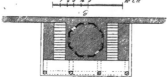

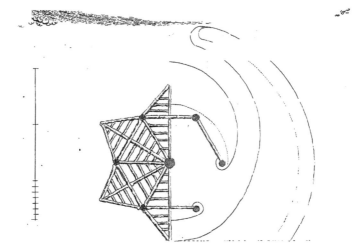

Fig. A.

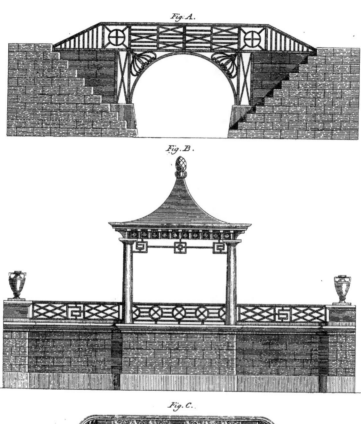

Fig. B.

Fig. C.

16 Ellen   12   8   4 3 2 1

Mag. III. B. 4. H.

Nᵒ 6.

kleidung kann Birkenrinde sein, oder das Holzgetäfel schicklich angestrichen werden. — Ein solcher Pavillon würde füglich in der Nähe einer kleinen Holzung, aus welcher der Weg etwa auf einen großen Rasenplatz führt, errichtet werden können und zerstreute Blumengruppen würden die Umgebung verschönern helfen. —

venable. — Un tel pavillon aurait une place favorable prés d'une petite pièce de bois, d'où le chemin conduisait à une grande pelouse. Des groupes de fleurs épars aideraient à embellir les entours.

Tafel V.

a. Eine Klöppelbrücke, von rohem Holze.
b. Monument eines Kriegers, von rohen Steinen. (Die Armaturen können von weißem Marmor gefertigt werden).
c. Ein runder Altar mit rohem Flechtwerk umgeben.
d. Eine Ruine, deren unterer Theil zu einer Seidenhasen-Menagerie zu benutzen wäre; auch könnte eine Treppe hinaufgeführt werden, um die Gegend zu genießen.
e. Grundriß der Ruine im Kleinen.
f. Eine Hütte von rohem Holz, Flechtwerk und Matten; Sitze zu beiden Seiten.
g. Eine einfache Gartenthüre, nebst Vermachung von beiden Seiten.

PLANCHE V.

a. Pont construit en troncs d'arbres grumeleux.
b. Monument d'un guerrier, de pierre brute. Les armes peuvent en être de marbre blanc.
c. Un autel rond entouré d'ornements à jour de bois en grume.
d. Ruines dont la partie de dessous pourroit être employée a une ménagerie de lapins d'Angora. On pourroit aussi y construire un escalier, pour jouir de la vue des environs.
e. Plan des Ruines d. en petit.
f. Une cabane de bois en grume entrelacé et de nattes, avec des sièges aux deux côtés.
g. Porte de jardin d'un goût simple, avec clôtures aux deux côtés.

Tafel VI.

Diese Zeichnung enthält bei Fig. A. eine eiserne Brücke über einen kleinen Kanal in einer englischen Gartenparthie. Zu beiden Seiten führen Treppen herunter zu einer kleinen Gondel, welche unter der Brücke steht.
Fig. B. Eine dekorirte Gartenmauer mit einem Pavillon zum Genuß einer schönen Aussicht.
Fig. C. Ebenfalls eine kleine Brücke wie bei Fig. A., nur mit dem Unterschied, daß sie von Stein gemacht ist.

PLANCHE VI.

Fig. A. Pont de fer sur un petit Canal dans un Parc anglois. Aux deux côtés des escaliers conduisent à une petite gondole qui se trouve sous le pont.

Fig. B. Muraille de jardin décorée, avec un petit Pavillon pour jouir d'une belle vue.
Fig. C. Encore un petit pont, comme Fig. A.; avec cette différence que celui-ci est construit de pierres.

ANKUENDIGUNG.

Es haben sich nach und nach und wiederum die Auflagen der bekannten Kupferwerke des (grossen) und kleinen Ideen-Magazins vergriffen. Dieselben enthalten für den Architecten und jeden Künstler und Handwerker, der mit der Baukunst zu thun hat, als für Zimmerleute, Maurer u. s. w., einen wahren Schatz.

Alles, was Frankreich und England in der Periode des Erscheinens jener herrlichen Sammlungen an Ideen zu grössern und besonders kleinern, zur Zierde oder zum Vergnügen bestimmten Gebäuden, oder dafür passende Einzelheiten zu verschiedenen Bestimmungen und in eben so verschiedenen Gestalten und Geschmack boten, findet man hier in Gesellschaft einer Menge Original-Zeichnungen durch herrliche Kupferstiche dargestellt.

Der hohe Preis, welchen die erste mit so vielem Aufwande verknüpfte Herstellung dieser Prachtwerke bedung, machte es dem unbemittelteren Theil des Publicums unmöglich, sich in Besitz dieser Reihenfolge geistreicher architectonischer Erfindungen zu setzen.

Reichlich durch die zahlreiche Theilnahme belohnt, welche dieselbe bis hierher fand, hat sich die Verlagshandlung entschlossen, ihren Schatz auch dem grösseren Publicum durch die äusserst billigen Bedingungen zugänglich zu machen, welche sie für die neue Auflage eintreten lässt.

Die bisher erschienenen Hefte (jedes zu 6 fein gestochenen Blättern) werden über die grosse Reichhaltigkeit dieser Sammlung keinen Zweifel zulassen und durch die wahrhaften Kunstwerke für so geringen Preis zu recht vielfacher Theilnahme einladen.

Zwölf Hefte werden jedesmal einen Band bilden.

In dieser neuen Ausgabe des Ideen-Magazins wird nur aus den ältern Werken das gezogen, welches geschmackvoll, zeitgemäss und anwendbar ist; alles Uebrige davon wird bei Seite gelegt werden.

Baumgärtner's Buchhandlung in Leipzig.

(Alle Buchhandlungen nehmen Bestellungen an.)

IDEEN-MAGAZIN

für

Architecten, Künstler und Handwerker,

die mit der Baukunst und ihren Einzelheiten zu thun haben,

als

Maurer, Zimmerleute u. s. w.,

wie auch

für Bauherren und Gartenbesitzer,

enthaltend eine reichhaltige Sammlung von Zeichnungen zu Gebäuden aller Art und
Bestimmung, mit ihren Theilen und Grundrissen,

als:

zu Stadt- Land- Gewächs- und Badehäusern, Tempeln, Capellen, Cabinetten, Balcons, Ba-
lustraden, Nischen, Zimmerverzierungen, Thüren, Fenstern und andern Einzelheiten, Brücken,
Geländern, Sitzen, Vermachungen, Gatterwerken, geheimen Cabinetten, Gondeln,
Schwanenhäuschen etc. etc.

*Im englischen, italienischen, gothischen, türkischen, persischen, indischen und
chinesischen Geschmack.*

Auch zum Nachzeichnen in Sonntags- und Industrie-Schulen brauchbar.

Herausgegeben

vom

PROFESSOR J. G. GROHMANN.

Neue vermehrte Auflage.

Dritter Band, fünftes Heft von 6 Blättern.

(Preis 8 Gr.)

LEIPZIG, 1838.
Baumgärtner's Buchhandlung.

☞ [*La description des planches s'y trouve aussi en français.*]

Beschreibung.

Tafel I.

Dieses Gebäude, welches in einem ruhigen, ernsten Charakter gezeichnet ist, dachte sich der Künstler entweder an einem stillen Fluß, oder an einem ruhigen See. Hinter dem Gebäude und am Rand des Wassers werden Hänge=Birken, Eschen und Babylonische Weiden am besten sich ausnehmen. Die innere Abtheilung kann jeder Erbauer nach seinem Bedarf einrichten.

Tafel II.

Eine Vollere für einen Steinabler oder Uhu, auch für Fasanen. Das Ganze bildet ein Sechseck, wo auf den angebrachten Pfeilern Vasen zu Blumen stehen. Auf diesem Blatte sieht man noch eine treffliche Idee zu einer Wetterfahne in Gestalt einer Sense, die auf einem Hügel stehen muß. Die darunter befindlichen Garben dienen zum Ruhesitze.

Tafel III.

a. Ein englisches Landhaus in großem Styl, mit einem runden Saal.
b. Ein Tempel von Flechtwerk mit Stroh gedeckt.
c. Eine Loge in chinesischem Geschmack, mit Fließchen oder glasirten Töpfertafeln. Der Sonnenschirm, Säulen und Dach werden lackirt.
g. ist der Grundriß dazu.
f. ist der Grundriß zu dem obern Tempel von Flechtwerk, Fig. b.
d. Ein Postament zu einer weiblichen Büste.
e. Eine steinerne Gartenbank mit einer hölzernen Gitterlehne.

Tafel IV.

Die Umgebungen eines Landhauses oder ein Park von einiger Ausdehnung müssen so viel Abwechslung gewähren, als nur immer möglich; jedoch muß sich jeder Besitzer dabei sehr vor dem Fehler der Ueberladung hüten. Es häufe sich nicht Idee auf Idee! damit das

Description.

PLANCHE I.

Cet édifice qui porte l'empreinte d'un caractère paisible et grave, doit s'élever d'après l'idée de l'Artiste, soit auprès d'une rivière qui serpente doucement, soit auprès d'un lac paisible. Derrière l'édifice et sur le bord de l'eau des bouleaux, des frênes et des saules feront sûrement un bel effet. La disposition de l'intérieur dépendra du choix et du goût de l'édificateur.

PLANCHE II.

Une volière pour un aigle royal ou pour un hibou, ou aussi pour des faisans. Le tout forme un sexangulaire; les piliers sont surmontés de vases propres a y mettre des fleurs. Cette planche renferme outre cela, une excellente idée d'une girouette en forme de faulx devant être placée sur une colline; les épis qui se trouvent dessous servent de siège.

PLANCHE III.

a. Maison de campagne à l'angloise d'un goût recherché, avec une salle ronde.
b. Un temple de bois entrelacé, couvert de paille.
c. Une loge dans le goût chinois avec de petits carreaux de fayence ou de terre vernissée. Le parasol, les colonnes et le toit doivent aussi être vernis.
g. Plan de la loge c.
f. Plan du temple b.
d. Piédestal portant le buste d'une femme.
e. Banc de pierre, avec un dossier de bois en treillage.

PLANCHE IV.

Les entours d'une maison de campagne ou un parc de quelque étendue doivent offrir autant de variété que possible; cependant chaque propriétaire a le soin à prendre de ne surcharger rien. Il ne faut point qu'une idée s'accumule sur l'autre! pour

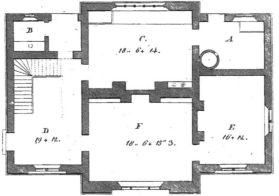

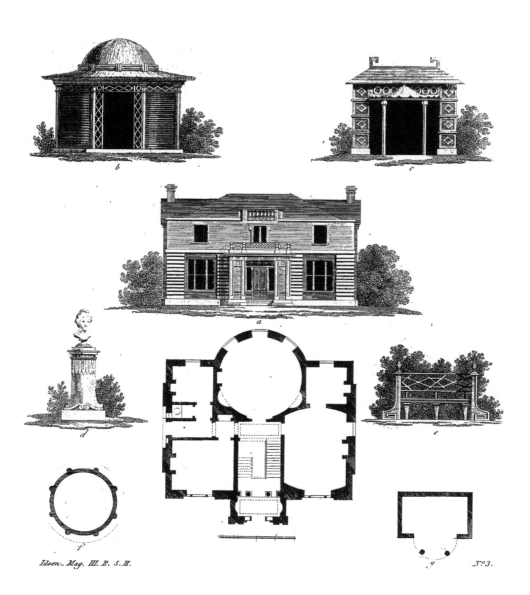

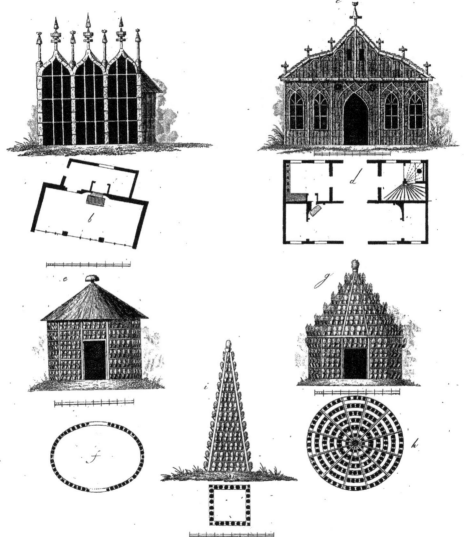

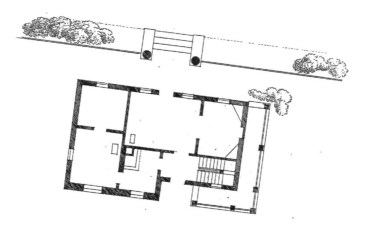

1 2 3 4 5 6 7 8 9 10 Ellen.

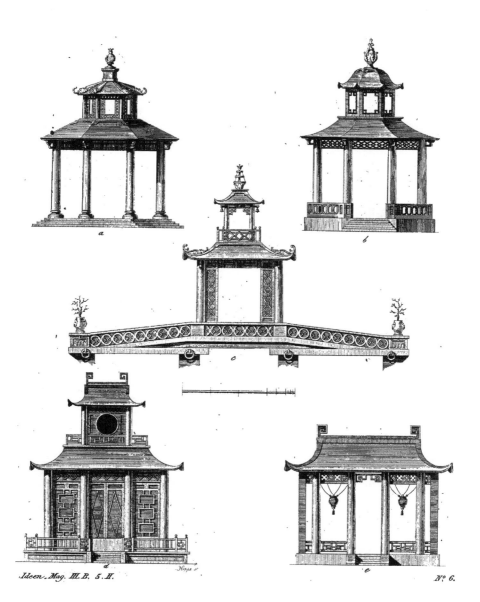

Hoppe sc.

Auge Muße habe und sich, ohne von stets neuen Gegenständen abgeleitet zu werden, an dem Verein der Schönheiten der Natur und der Kunst weiden könne: so wird z. B. dieses kleine Gebäude, man nenne es Bauernhaus, Strohhütte, oder Eremitage, welches sich sehr zur Wohnung des Gärtners, Jägers oder Aufsehers eignet; sehr angenehm durch seinen Anblick überraschen, wenn es entfernt von dem Hauptgebäude, durch Buschwerk oder Bäume verdeckt, angelegt wird.

Tafel V.

Fig. a. Ein Gewächshaus, in Gestalt eines Gothischen Tabernakels, von Holz und Baumrinden.

Fig. b. Der Grundriß dazu.

Fig. c. Ein Gartengebäude, von rohem Holz und Baumrinde. Es enthält, wie man

Fig. d. aus dem Grundrisse sieht, einen schönen Saal, zwei Seitenkabinette, ein Zimmer und eine Küche. Die Bequemlichkeit befindet sich unter der Treppe.

Fig. e. Ein Blumengestelle, in Gestalt eines ovalen Kabinetts.

Fig. f. Der dazu gehörige Grundriß.

Fig. g. Ein eben solches Blumengestelle, wo auch das Dach, selbst die Spitze desselben seine lastbaren Dienste leisten muß.

Fig. h. Grundriß zu diesem wohlriechenden Kabinett.

Fig. i. Ein Blumengestelle in Gestalt einer Pyramide.

Tafel VI.

Auf dieser Tafel sind verschiedene Gegenstände in Chinesischem Geschmack dargestellt.

a. und b. sind zwei Pavillons.

c. eine Brücke, welche sich in dem Garten eines Kaufmanns zu Canton wirklich befindet.

d. ein Chinesisches Gartenhäuschen.

e. ein Portal, auf beiden Seiten sind kugelförmige Lampen.

---

que l'oeil ait du loisir et puisse, sans être toujours détourné par de nouveaux objets, se repaître suffisamment de chacune des beautés réunies de l'art et de la nature: ainsi p. e. cette maissonnette, que l'on peut nommer cabane, chaumière ou ermitage, et qui est propre à former l'habitation du jardinier, du chasseur ou du garde, préparera par son aspect une surprise très-agréable si, couverte par des broussailles ou des arbres, elle reçoit sa place loin de l'édifice principal.

PLANCHE V.

Fig. a. Serre, en forme de tabernacle gothique, fait de bois et décorcés d'arbres.

Fig. b. Plan de cette serre.

Fig. c. Maison de jardin bâtie en bois brut et en écorces d'arbres.

Fig. d. On voit par le plan de cette maison, qu'elle est distribuée en une belle salle, un cabinet de chaque côté, une chambre et une cuisine. Les lieux sont placés sous l'escalier.

Fig. e. Echafaudage pour des fleurs, en forme d'un cabinet ovale.

Fig. f. Plan de la figure e.

Fig. g. Autre échafaudage du même genre, chargé de pots à fleurs jusqu'au faîte.

Fig. h. Plan de ce cabinet.

Fig. i. Tabarinage pour le même objet en forme de pyramide.

PLANCHE VI.

Cette planche-ci nous offre différens objets de goût chinois.

a. b. deux pavillons.

c. dessin d'un pont, qui se trouve dans le jardin d'un marchand à Canton.

d. un cabinet à la chinoise.

e. un portail, aux deux côtés duquel il y a des lanternes suspendues, de forme ronde.

ANKUENDIGUNG.

Es haben sich nach und nach und wiederum die Auflagen der bekannten Kupferwerke des (grossen) und kleinen Ideen-Magazins vergriffen. Dieselben enthalten für den Architecten und jeden Künstler und Handwerker, der mit der Baukunst zu thun hat, als für Zimmerleute, Maurer u. s. w., einen wahren Schatz.

Alles, was Frankreich und England in der Periode des Erscheinens jener herrlichen Sammlungen an Ideen zu grössern und besonders kleinern, zur Zierde oder zum Vergnügen bestimmten Gebäuden, oder dafür passende Einzelheiten zu verschiedenen Bestimmungen und in eben so verschiedenen Gestalten und Geschmack boten, findet man hier in Gesellschaft einer Menge Original-Zeichnungen durch herrliche Kupferstiche dargestellt.

Der hohe Preis, welchen die erste mit so vielem Aufwande verknüpfte Herstellung dieser Prachtwerke bedung, machte es dem unbemittelteren Theil des Publicums unmöglich, sich in Besitz dieser Reihenfolge geistreicher architectonischer Erfindungen zu setzen.

Reichlich durch die zahlreiche Theilnahme belohnt, welche dieselbe bis hierher fand, hat sich die Verlagshandlung entschlossen, ihren Schatz auch dem grösseren Publicum durch die äusserst billigen Bedingungen zugänglich zu machen, welche sie für die neue Auflage eintreten lässt.

Die bisher erschienenen Hefte (jedes zu 6 fein gestochenen Blättern) werden über die grosse Reichhaltigkeit dieser Sammlung keinen Zweifel zulassen und durch die wahrhaften Kunstwerke für so geringen Preis zu recht vielfacher Theilnahme einladen.

Zwölf Hefte werden jedesmal einen Band bilden.

In dieser neuen Ausgabe des Ideen-Magazins wird nur aus den ältern Werken das gezogen, welches geschmackvoll, zeitgemäss und anwendbar ist; alles Uebrige davon wird bei Seite gelegt werden.

Baumgärtner's Buchhandlung in Leipzig.

(Alle Buchhandlungen nehmen Bestellungen an.)

IDEEN-MAGAZIN

für

Architecten, Künstler und Handwerker,

die mit der Baukunst und ihren Einzelheiten zu thun haben,

als

Maurer, Zimmerleute u. s. w.,

wie auch

für Bauherren und Gartenbesitzer,

enthaltend eine reichhaltige Sammlung von Zeichnungen zu Gebäuden aller Art und
Bestimmung, mit ihren Theilen und Grundrissen,

als

zu Stadt- Land- Gewächs- und Badehäusern, Tempeln, Capellen, Cabinetten, Balcons, Ba-
lustraden, Nischen, Zimmerverzierungen, Thüren, Fenstern und andern Einzelheiten, Brücken,
Geländern, Sitzen, Vermachungen, Gatterwerken, geheimen Cabinetten, Gondeln,
Schwanenhäuschen etc. etc.

*Im englischen, italienischen, gothischen, türkischen, persischen, indischen und
chinesischen Geschmack.*

———

Auch zum Nachzeichnen in Sonntags- und Industrie-Schulen brauchbar.

Herausgegeben

vom

PROFESSOR J. G. GROHMANN.

Neue vermehrte Auflage.

Dritter Band, sechstes Heft von 6 Blättern.

(Preis 8 Gr.)

———

LEIPZIG, 1838.
Baumgärtner's Buchhandlung.

☞ [*La description des planches s'y trouve aussi en français.*]

Beschreibung.

Tafel I.

Orangenhaus. Dieses Gebäude, welches mit wenig Kosten aufzuführen ist, und durch seine gefällige Form auf das Gefühl des Beschauers gewiß eine angenehme Wirkung hervorbringt, wird den Liebhabern von Orangerie nicht unwillkommen seyn, da ein solches Gebäude in einer Gartenanlage nie fehlen darf. Neben dem Orangensaal findet man die bequeme Wohnung des Gärtners, und auf der andern Seite einen großen Gesellschaftssaal.

Tafel II.

Ein Gartensaal als römischer Tempel; unter dem Saal befindet sich eine Grotte, die bei heißen Sommertagen als Erholungsplatz dienet. Der Künstler hat auf dem Blatte selbst angegeben, auf welchem Platz es die beste Wirkung macht.

Tafel III.

Fig. a und b ist der Auf- und Grundriß eines Pavillons, welcher, um ihn aus dem das Gebäude umgebenden niedern Gebüsch zu erheben, und um auf dem mit einem Brüstungsgeländer umgebenen Gang eine freie Aussicht zu haben, auf einem gewölbten Souterrain, welches im Sommer den Ruhenden erwünschte Kühle darbieten wird, erbauet ist.

c und d sind Vermachungen und Eingänge um und in Englischen Gartenanlagen; sie sind beide aus natürlichem rohen Holz. Die auf den Thürsäulen in c stehenden Blumenvasen können von gebranntem Thon gefertiget werden.

e. Eine Schaukel, welche, außer der Gewährung des Vergnügens, eine angenehme Gartenverzierung giebt.

f. Der Aufriß einer kleinen Fontaine in einer natürlich gewachsenen Laube, welche von den zwei Baumstämmen, und denen mit Sorgfalt geordneten Zweigen, desgleichen von dem in dem Hintergrund stehenden Gebüsch gebildet wird. Das von der Fontaine fließende Wasser kann als Bach die Umgebungen durchlaufen.

Description.

PLANCHE I.

Maison pour les orangers. Ce bâtiment, que l'on peut construire à peu de frais, et qui par sa forme agréable produira sûrement un heureux effet sur le sentiment du spectateur, sera bien accueilli des amateurs d'orangerie, parcequ'il ne doit jamais manquer dans un jardin. Auprès de la salle des orangers se trouve la commode demeure du jardinier, et de l'autre côté une grand salle de compagnie.

PLANCHE II.

Salon dans un jardin en forme de temple romain. Sous le salon se trouve une grotte où l'on peut se retirer dans les grandes chaleurs de l'été. Ce bâtiment sera plus imposant si on l'élève sur une place à peu près pareille à celle que représente la planche.

PLANCHE III.

Fig. a et b sont l'élévation et le plan d'un pavillon, qui, pour être rehaussé de broussailles peu hautes, lesquelles environnent l'édifice, et pour pouvoir y jouir d'une vue libre de dessus la gallerie entourée d'une balustrade, est construit sur un souterrain qui en été, sera destiné à rafratchir ceux qui viendront s'y reposer.

c et d sont des enclos et des entrées, autour ou dans des parties de jardins à l'anglaise; ils sont de bois en grume. Les vases à fleurs (c) dont les piliers sont surmontés, peuvent être de terre glaise cuite.

e. Une escarpolette, laquelle outre l'amusement qu'elle procure, sert aussi à orner un jardin.

f. L'élévation d'une petite fontaine située dans un berceau de verdure, et formée des deux troncs de ce dernier, de ses branches rangées avec soin et du buisson qui s'y trouve dans le fond. L'eau qui coule de la fontaine peut, en formant un ruisseau, serpenter les alentours.

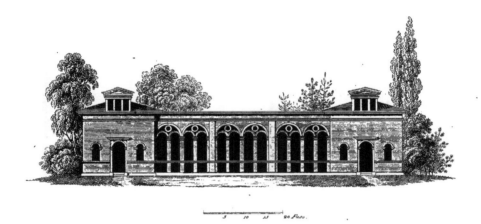

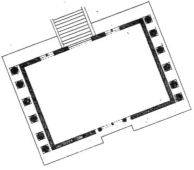

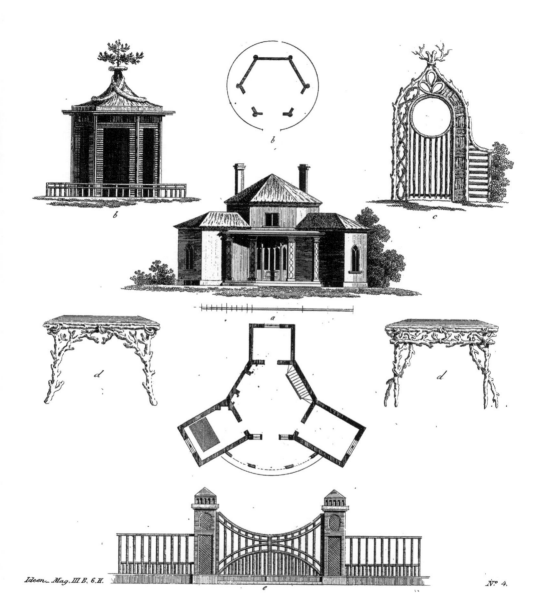

a

b

b

c

d

d

e

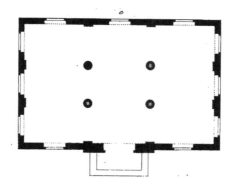

Tafel IV.

a. Ein Phantasie-Gebäude als ein Triangel. Sie sind im Morgenlande in Gebrauch, und tragen den Namen Kiosk.
b. Ein Thee-Kabinet. b. ist dessen Grundriß.
c. Eine Thüre von rohem Holz. Die eine Seite kann mit Holzrinde oder Flechtwerk bekleidet seyn.
dd. Zwei Tischchen für einen Saal, der in ländlichem Styl verziert ist.
e. Ein hölzernes Gitterthor, dessen Pfeiler zu Volieren bestimmt sind.

Tafel V.

a. Eine Kegelbahn in Arabischem Geschmack.
b. Ein Gartensaal in Egyptischem Geschmack.

Tafel VI.

Für Liebhaber sonderbarer Gegenstände liefern wir auf diesem Blatte ein Gartenhaus im Moskowitischen Geschmack. Das hohe Dach des trichterförmig angelegten Rauchfanges ist im Chinesischen Styl.

Das Erdgeschoß enthält, wie der Grundriß zeigt, ein Vorhaus, eine Küche, worin die Treppe, die in den obern Stock führt, unter derselben die Bequemlichkeit, und in einem Winkel der Heerd befindlich ist, eine Wohnstube, die die ganze Breite des Gebäudes einnimmt, und ein Schlafzimmer.

PLANCHE IV.

a. Bâtiment de fantaisie en forme de triangle; ils sont d'usage chez les orientaux où on les nomme Kiosques.
b. Cabinet à thé. b. Le plan.
c. Porte de bois en grume; l'on peut entrelacer un de ses côtés ou le garnir avec des écorces d'arbre.
dd. Deux tables pour une salle meublée dans un goût champêtre.
e. Une porte à barreaux de bois; les piliers son destinés à servir de volières.

PLANCHE V.

a. Quillier dans le goût arabe.
b. Salon de jardin de goût égyptien.

PLANCHE VI.

Les amateurs de formes bizarres trouveront dans cette planche une maison de jardin dans le goût moscovite, dont le tuyau de la cheminée de style chinois s'élève dans une forme dégagée au-dessus du toit.

Le rez de chaussée contient une allée, une cuisine, un vestibule, où se trouve l'escalier qui conduit au premier étage, et une grande salle qui comprend tout le reste du logement. Les commodités sont placées sous l'escalier.

ANKUENDIGUNG.

Es haben sich nach und nach und wiederum die Auflagen der bekannten Kupferwerke des (grossen) und kleinen Ideen-Magazins vergriffen. Dieselben enthalten für den Architecten und jeden Künstler und Handwerker, der mit der Baukunst zu thun hat, als für Zimmerleute, Maurer u. s. w., einen wahren Schatz.

Alles, was Frankreich und England in der Periode des Erscheinens jener herrlichen Sammlungen an Ideen zu grössern und besonders kleinern, zur Zierde oder zum Vergnügen bestimmten Gebäuden, oder dafür passende Einzelheiten zu verschiedenen Bestimmungen und in eben so verschiedenen Gestalten und Geschmack boten, findet man hier in Gesellschaft einer Menge Original-Zeichnungen durch herrliche Kupferstiche dargestellt.

Der hohe Preis, welchen die erste mit so vielem Aufwande verknüpfte Herstellung dieser Prachtwerke bedung, machte es dem unbemittelteren Theil des Publicums unmöglich, sich in Besitz dieser Reihenfolge geistreicher architectonischer Erfindungen zu setzen.

Reichlich durch die zahlreiche Theilnahme belohnt, welche dieselbe bis hierher fand, hat sich die Verlagshandlung entschlossen, ihren Schatz auch dem grössern Publicum durch die äusserst billigen Bedingungen zugänglich zu machen, welche sie für die neue Auflage eintreten lässt.

Die bisher erschienenen Hefte (jedes zu 6 fein gestochenen Blättern) werden über die grosse Reichhaltigkeit dieser Sammlung keinen Zweifel zulassen und durch die wahrhaften Kunstwerke für so geringen Preis zu recht vielfacher Theilnahme einladen.

Zwölf Hefte werden jedesmal einen Band bilden.

In dieser neuen Ausgabe des Ideen-Magazins wird nur aus den ältern Werken das gezogen, welches geschmackvoll, zeitgemäss und anwendbar ist; alles Uebrige davon wird bei Seite gelegt werden.

Baumgärtner's Buchhandlung in Leipzig.

(Alle Buchhandlungen nehmen Bestellungen an.)

IDEEN-MAGAZIN

für

rchitecten, Künstler und Handwerker,

die mit der Baukunst und ihren Einzelheiten zu thun haben,

als

Maurer, Zimmerleute u. s. w.,

wie auch

für Bauherren und Gartenbesitzer,

nthaltend eine reichhaltige Sammlung von Zeichnungen zu Gebäuden äller Art und
Bestimmung, mit ihren Theilen und Grundrissen,

als:

u Stadt- Land- Gewächs- und Badehäusern, Tempeln, Capellen, Cabinetten, Balcons, Ba-
ustraden, Nischen, Zimmerverzierungen, Thüren, Fenstern und andern Einzelheiten, Brücken,
Geländern, Sitzen, Vermachungen, Gatterwerken, geheimen Cabinetten, Gondeln,
Schwanenhäuschen etc. etc.

*Im englischen, italienischen, gothischen, türkischen, persischen, indischen und
chinesischen Geschmack.*

———

Auch zum Nachzeichnen in Sonntags- und Industrie-Schulen brauchbar.

Herausgegeben

vom

PROFESSOR J. G. GROHMANN.

Neue vermehrte Auflage.

Dritter Band, siebentes Heft von 6 Blättern.

(Preis 8 Gr.)

———

LEIPZIG, 1838.
Baumgärtner's Buchhandlung.

☞ [*La description des planches s'y trouve aussi en français.*]

Beschreibung.

Tafel I.

Das auf diesem Blatte vorgestellte Garten-Wohn-haus mit gothisch verzierter Fronte und einem Balkon im Giebel, enthält, wie der Grundriß zeigt, einen Ge-sellschafts- und Speisesaal, mit zwei Oefen, zwei klei-nere Zimmer mit Kaminen, zwei größere mit Oefen, zwei Kabinette, eine Küche und Speisekammer.

Nur der Saal hat zehn Ellen zur Höhe: der übrige Raum, den die Kreuzfenster beleuchten, ist zu Bedien-ten-Wohnungen und Vorrathskammern eingerichtet.

Tafel II.

Die Mitte eines kleinen Sees in einem Parke ist es, welche zur Errichtung eines solchen Gondelhauses der geeignete Platz ist; unter diesem finden die kleinen Bar-ken gegen Sturm und Regen ihren Schutz, es ist im morgenländischen Styl entworfen. Die vier Wimpel beleben nicht nur den Wasserspiegel, sondern die ganze Umgebung mit ihrem unausgesetzten Spiel.

Tafel III.

In der Mitte einer zierlichen Hofrhede wird das Hühner- und Taubenhaus, das auf diesem Blatte vor-gestellt ist, und aus einem Hauptgebäude und zwei Pa-villons, die vermittelst einer kleinen Gallerie mit dem erstern zusammen hängen, eine gute Wirkung machen.

Tafel IV.

Ein Landhaus im Russischen Geschmack, zu wel-chem eine hölzerne Brücke über ein schmales Gewässer führt.

Das Gebäude hat eine von vier Säulen getragene Vorlage mit einem hohen Giebel, aus welchem man auf einen Balkon tritt. Aehnliche Austritte sind an den drei übrigen Giebeln angebracht.

Der darunter befindliche Grundriß zeigt, daß das Gebäude zwei Stuben und eben so viele Kammern hat.

Description.

PLANCHE I.

Cette maison de jardin de style gothique, dé-corée d'un fronton avec balcon, contient, comme on peut le voir dans le plan, une salle de compagnie échauffée par deux poiles, deux petites chambres avec des cheminées, deux plus grandes avec des poiles, deux cabinets, une salle à manger et une cuisine.

Les deux salles ont chacune vingt pieds de haut. Le reste de l'espace, qui reçoit le jour des croisées, est destiné à loger les domestiques et à serrer les provisions.

PLANCHE II.

La place la plus convenable à élever une telle maison servant à la réception de gondoles, c'est le milieu du petit lac d'un parc. Sous ce bâtiment, dans le goût oriental, elles sont à l'abri du vent et de la pluie. Ses quatre banderoles animent par leur jeu continuel le lac et tous les alentours.

PLANCHE III.

Ce poulailler et ce colombier, qui communi-quent, au moyen d'une petite galerie, avec deux pavillons, feront un fort bon effet dans une belle cour.

PLANCHE IV.

Maison dans le goût russe, où l'on parvient par un pont jeté sur un canal étroit.

Cette maison a un auvar soutenu par quatre colonnes, et couronné par un fronton élevé, d'où l'on vient sur un balcon: ce qui est répété sur les quatre faces de la maison.

On voit par le plan, qui est au bas, que cette maison contient deux salles et deux chambres.

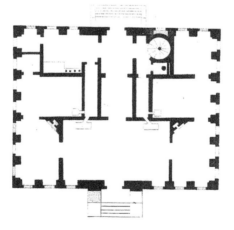

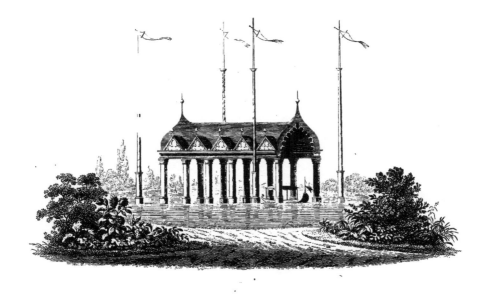

10   20 Ellen.

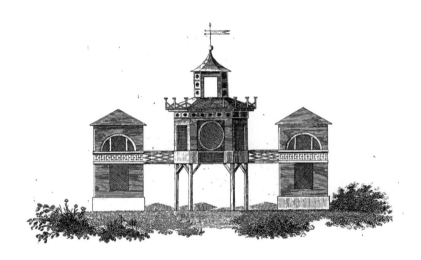

20 Ellen.

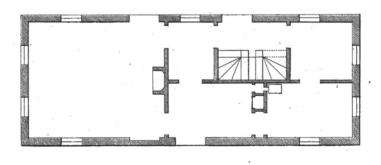

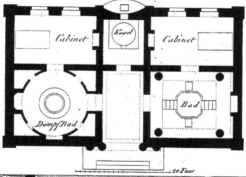

Cabinet   Kessel   Cabinet

Dampf Bad   Bad

20 Fuss

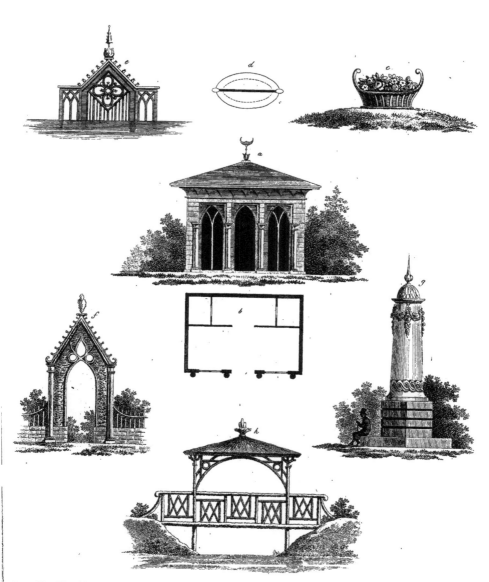

Tafel V.

Ein Badehaus mit seinem Grundriß, Aufriß und Durchschnitt. Die Zeichnung erkläret alles deutlich. Die hintere Seite würde mit einer Hygiäa zu verzieren seyn, so wie ihr Altar sich oben auf dem Gebäude befindet.

Tafel VI.

a. Ein vorzüglich zum Spielen eingerichtetes Garten-Gebäudchen in Türkischem Geschmack.
b. Grundriß desselben.
c. Ein Gartensitz in Form eines Blumenkorbs. — Diese Bank muß auf einem kleinen Berge oder Hügel stehen. Sie hat zwei Sitze, welche durch eine, durch die Mitte laufende Rücklehne abgesondert sind. Auf diese Lehne werden mit Oelfarben Blumen gemalt und die Lehne wird nach den Umrissen der Blumen ausgeschnitten. Von unten und in einiger Ferne wird dieses täuschen, und man wird die gemalten Blumen für lebendige halten. Diese Idee ist noch gar nicht vorhanden.
d. Grundriß dieses Gartensitzes.
e. Eine Teich-Vermachung in Gothischem Geschmack.
f. Ein Gartenthor von rohem Holze und Flechtwerk in Gothischem Geschmack. Die Vermachung ist unten von Steinen.
g. Ein Obelisk. Auf einer Anhöhe am besten, oder als Point de Vue zu gebrauchen.
h. Eine bedeckte Brücke von rohem Holze in Chinesischem Geschmack. Diese Brücke kann selbst ein nicht sehr fähiger Zimmermann fertigen.

PLANCHE V.

Maison de bain, avec son plan, sa façade et le profil. Le dessin explique parfaitement le tout. Une Hygiée pourroit servir d'ornement au derrière, ainsi que l'autel de cette divinité se trouve au dessus de l'édifice.

PLANCHE VI.

a. Un petit bâtiment dans le genre turc, destiné particulièrement au jeu.
b. Le plan.
c. Siège en forme d'une corbeille de fleurs. Ce banc doit être placé sur une colline ou petite montagne; il est à deux places séparées l'une de l'autre par un dossier qui prend par le milieu. Ce dernier doit former un amas de fleurs peintes à l'huile, et découpées ensuite d'après leurs différents contours. En regardant le tout du bas ou à une certaine distance il y a à s'y méprendre, vu qu'on prendra les fleurs peintes pour naturelles. Cette idée est unique en son genre.
d. Plan de ce banc.
e. Clôture d'un étang, dans le goût gothique.
f. La porte d'un jardin, de bois en grume enlacé, dans le goût gothique. La clôture du bas est en pierre.
g. Un obélisque particulièrement propre à être placé sur une éminence, ou à servir de point de vue.
h. Un pont couvert à la chinoise, de bois en grume. Ce pont n'exige nullement un parfait charpentier.

ANKUENDIGUNG.

Es haben sich nach und nach und wiederum die Auflagen der bekannten Kupferwerke des (grossen) und kleinen Ideen-Magazins vergriffen. Dieselben enthalten für den Architecten und jeden Künstler und Handwerker, der mit der Baukunst zu thun hat, als für Zimmerleute, Maurer u. s. w., einen wahren Schatz.

Alles, was Frankreich und England in der Periode des Erscheinens jener herrlichen Sammlungen an Ideen zu grössern und besonders kleinern, zur Zierde oder zum Vergnügen bestimmten Gebäuden, oder dafür passende Einzelheiten zu verschiedenen Bestimmungen und in eben so verschiedenen Gestalten und Geschmack boten, findet man hier in Gesellschaft einer Menge Original-Zeichnungen durch herrliche Kupferstiche dargestellt.

Der hohe Preis, welchen die erste mit so vielem Aufwande verknüpfte Herstellung dieser Prachtwerke bedung, machte es dem unbemittelteren Theil des Publicums unmöglich, sich in Besitz dieser Reihenfolge geistreicher architectonischer Erfindungen zu setzen.

Reichlich durch die zahlreiche Theilnahme belohnt, welche dieselbe bis hierher fand, hat sich die Verlagshandlung entschlossen, ihren Schatz auch dem grösseren Publicum durch die äusserst billigen Bedingungen zugänglich zu machen, welche sie für die neue Auflage eintreten lässt.

Die bisher erschienenen Hefte (jedes zu 6 fein gestochenen Blättern) werden über die grosse Reichhaltigkeit dieser Sammlung keinen Zweifel zulassen und durch die wahrhaften Kunstwerke für so geringen Preis zu recht vielfacher Theilnahme einladen.

Zwölf Hefte werden jedesmal einen Band bilden.

In dieser neuen Ausgabe des Ideen-Magazins wird nur aus den ältern Werken das gezogen, welches geschmackvoll, zeitgemäss und anwendbar ist; alles Uebrige davon wird bei Seite gelegt werden.

Baumgärtner's Buchhandlung in Leipzig.

(*Alle Buchhandlungen nehmen Bestellungen an.*)

IDEEN-MAGAZIN

für

Architecten, Künstler und Handwerker,

die mit der Baukunst und ihren Einzelheiten zu thun haben,

als

Maurer, Zimmerleute u. s. w.,

wie auch

für Bauherren und Gartenbesitzer,

enthaltend eine reichhaltige Sammlung von Zeichnungen zu Gebäuden aller Art und Bestimmung, mit ihren Theilen und Grundrissen,

als:,

zu Stadt- Land- Gewächs- und Badehäusern, Tempeln, Capellen, Cabinetten, Balcons, Balustraden, Nischen, Zimmerverzierungen, Thüren, Fenstern und andern Einzelheiten, Brücken, Geländern, Sitzen, Vermachungen, Gatterwerken, geheimen Cabinetten, Gondeln, Schwanenhäuschen etc. etc.

Im englischen, italienischen, gothischen, türkischen, persischen, indischen und chinesischen Geschmack.

Auch zum Nachzeichnen in Sonntags- und Industrie-Schulen brauchbar.

Herausgegeben

vom

PROFESSOR J. G. GROHMANN.

Neue vermehrte Auflage.

Dritter Band, achtes Heft von 6 Blättern.

(Preis 8 Gr.)

LEIPZIG, 1838.
Baumgärtner's Buchhandlung.

☞ [*La description des planches s'y trouve aussi en français.*]

Beschreibung.

Tafel I.

Ein Jagd-Schirm, oder eine Dianen-Laube. Daß sich dieselbe ohnfern eines Waldes auf einem großen Rasenplatze befinden müsse, spricht sich schon von selbst aus, ohne daß man nöthig hat, darüber erst eine weitere Anweisung vom Künstler zu vernehmen. — Will man vielleicht das allzu Spitze der pyramidalischen Form vermeiden, die Höhe derselben etwas mäßigen und eine frühere Abrundung statt finden lassen; so wird das leicht zu bewirken seyn, und das Ganze für manches Auge dadurch ein vielleicht noch gefälligeres Ansehen gewinnen.

Tafel II.

a. Eine doppelte Garten-Nische mit Blumentöpfen zu beiden Seiten.
b. Grundriß dieser Nische.
c. Ein Altar.
d. e. f. Eine Gartenbank und zwei Stühle von rohem Holz.
g. Eine bedeckte Kegelbahn von Steinen und rohen Holzmaterialien in chinesischem Geschmack.
h. Grundriß dieser Kegelbahn.
i. Eine Garten-Vermachung von rohem Holz.

Tafel III.

Die Vorderseite einer Dorfkirche, mit Thurm.

Tafel IV.

Dieselbe Kirche von der Seite. Hier ist der Thurm etwas verändert, damit der Bauherr eine Wahl hat.

Tafel V.

Der Grundriß dieser Kirche mit ihrer innern Eintheilung.
A. Die Thurm-Halle.
B. B. Zwei Treppen, welche auf die Emporkirche führen. Man gelangt zu diesen Treppen theils

Description.

PLANCHE I.

Un pavillon de chasse ou berceau de Diane. Chacun conçoit sans une instruction particulière qu'il faut que ce pavillon se trouve non loin d'un bois, dans une grande place de gazon. — Si l'on veut éviter la pointe trop aiguë de la forme pyramidale et modérer la hauteur, on pourra facilement l'effectuer, et l'agrément de la vue en augmentera pour tel spectateur.

PLANCHE II.

a. Une double niche ornée de pots de fleurs aux deux côtés.
b. Plan de cette niche.
c. Un autel.
d. e. f. Un banc et deux chaises de bois en grume.
g. Un quillier couvert, à la chinoise, en pierre et de bois en grume.
h. Le plan.
i. Clôture de bois en grume.

PLANCHE III.

Façade d'une église de village avec la tour.

PLANCHE IV.

Vue de la même église en profil. La tour diffère un peu de celle dessinée sur la planche précédente; afin que l'on ait le choix.

PLANCHE V.

Plan de cette église avec ses divisions intérieures.
A. Portique de la tour.
B. B. deux escaliers, qui conduisent aux galeries de l'église. On parvient à ces esca-

c a b

f d e

g

10 Dr Ellen

h

i

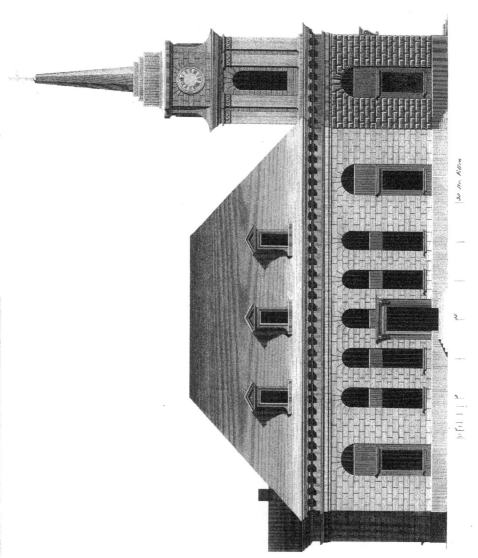

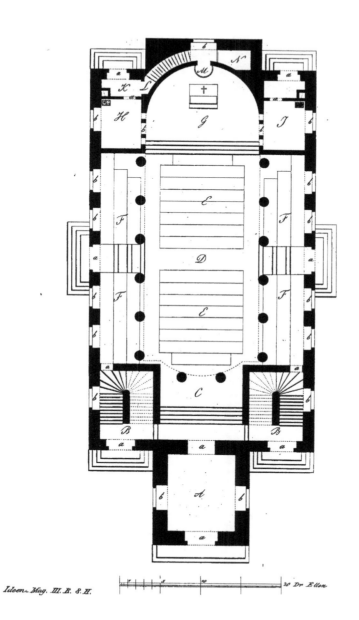

20 Dr Ellen

durch Eingänge von Außen, theils durch die Thüren-Halle.

C. Platz, über welchem das Orgelchor befindlich ist, auf welches man ebenfalls durch die Treppen B. B. gelangt.

D. Das Schiff der Kirche.

E. E. Sitze für die Weiber.

F. F. F. F. Sitze für die Männer. Ueber diesen sind die Emporkirchen, welche auf den Säulen ruhen.

G. Platz, auf welchem der Altar und der Tauftisch befindlich.

H. Die Sakristei.

I. Das herrschaftliche Betstübchen.

K. Der Eingang von Außen in die Sakristei, nebst der Einheizung.

L. Treppe auf die Kanzel.

M. Die Kanzel.

N. Platz zu Aufbewahrung der Kirchenkleinodien.

O. Eingang von Außen in das herrschaftliche Betstübchen, nebst der Einheizung.

a. Sind Thüren, sowohl von Außen als Innen.

b. Fenster.

Tafel VI.

Sind zwei Fußgestelle zu Statuen oder Blumen-Vasen.

---

liers, partie par des passages extérieurs, partie par le portique de la tour.

C. Place où se trouve l'orgue, et à laquelle on monte de même par les escaliers B. B.

D. Le nef de l'église.

E. E. Siéges pour les femmes.

F. F. F. F. Siéges pour les hommes, audessus desquels se trouvent les galeries de l'église appuyées sur des piliers.

G. Endroit où se trouvent l'autel et le baptistère.

H. La sacristie.

I. Petit cabinet pour faire la priere, à l'usage du seigneur de la paroisse.

K. Entrée extérieure de la sacristie; ainsi que l'endroit où l'on échauffe.

L. Degrés pour monter à la chaire.

M. La chaire.

N. La garde-robe.

O. Entrée extérieure du cabinet où le seigneur paroissial fait la priere. Ce cabinet est pourvu d'un poéle.

a. Sont des portes tant dans l'extérieur, que dans l'interieur de l'église.

b. Fenêtres.

PLANCHE VI.

Représente deux piédestaux, soit pour y placer des statues, ou des pots à fleurs.

ANKUENDIGUNG.

Es haben sich nach und nach und wiederum die Auflagen der bekannten Kupferwerke des (grossen) und kleinen Ideen-Magazins vergriffen. Dieselben enthalten für den Architecten und jeden Künstler und Handwerker, der mit der Baukunst zu thun hat, als für Zimmerleute, Maurer u. s. w., einen wahren Schatz.

Alles, was Frankreich und England in der Periode des Erscheinens jener herrlichen Sammlungen an Ideen zu grössern und besonders kleinern, zur Zierde oder zum Vergnügen bestimmten Gebäuden, oder dafür passende Einzelheiten zu verschiedenen Bestimmungen und in eben so verschiedenen Gestalten und Geschmack boten, findet man hier in Gesellschaft einer Menge Original-Zeichnungen durch herrliche Kupferstiche dargestellt.

Der hohe Preis, welchen die erste mit so vielem Aufwande verknüpfte Herstellung dieser Prachtwerke bedung, machte es dem unbemittelteren Theil des Publicums unmöglich, sich in Besitz dieser Reihenfolge geistreicher architectonischer Erfindungen zu setzen.

Reichlich durch die zahlreiche Theilnahme belohnt, welche dieselbe bis hierher fand, hat sich die Verlagshandlung entschlossen, ihren Schatz auch dem grösseren Publicum durch die äusserst billigen Bedingungen zugänglich zu machen, welche sie für die neue Auflage eintreten lässt.

Die bisher erschienenen Hefte (jedes zu 6 fein gestochenen Blättern) werden über die grosse Reichhaltigkeit dieser Sammlung keinen Zweifel zulassen und durch die wahrhaften Kunstwerke für so geringen Preis zu recht vielfacher Theilnahme einladen.

Zwölf Hefte werden jedesmal einen Band bilden.

In dieser neuen Ausgabe des Ideen-Magazins wird nur aus den ältern Werken das gezogen, welches geschmackvoll, zeitgemäss und anwendbar ist, alles Uebrige davon wird bei Seite gelegt werden.

Baumgärtner's Buchhandlung in Leipzig.

(*Alle Buchhandlungen nehmen Bestellungen an.*)

IDEEN-MAGAZIN

für

Architecten, Künstler und Handwerker,

die mit der Baukunst und ihren Einzelheiten zu thun haben,

als

Maurer, Zimmerleute u. s. w.,

wie auch

für Bauherren und Gartenbesitzer,

enthaltend eine reichhaltige Sammlung von Zeichnungen zu Gebäuden aller Art und
Bestimmung, mit ihren Theilen und Grundrissen,

als:

zu Stadt- Land- Gewächs- und Badehäusern, Tempeln, Capellen, Cabinetten, Balcons, Ba-
lustraden, Nischen, Zimmerverzierungen, Thüren, Fenstern und andern Einzelheiten, Brücken,
Geländern, Sitzen, Vermachungen, Gatterwerken, geheimen Cabinetten, Gondeln,
Schwanenhäuschen etc. etc.

*Im englischen, italienischen, gothischen, türkischen, persischen, indischen und
chinesischen Geschmack.*

———

Auch zum Nachzeichnen in Sonntags- und Industrie-Schulen brauchbar.

Herausgegeben

vom

PROFESSOR J. G. GROHMANN.

Neue vermehrte Auflage.

Dritter Band, neuntes Heft von 6 Blättern.

(Preis 8 Gr.)

LEIPZIG, 1838.
Baumgärtner's Buchhandlung.

☞ *[La description des planches s'y trouve aussi en français.]*

Beſchreibung.

Tafel I.

Wir liefern auf dieſem Blatte eine große Pyramide, an jeder Seite mit einer von vier Säulen
unterſtützten bedeckten Vorlaube. Die Sode, die
den Fuß der Pyramide bildet, iſt von bäuriſchem
Werk.

Aus der Vorlaube auf jeder Seite tritt man durch
einen vollen halben Zirkelbogen auf eine Anzahl
Stufen, welche hinab in einen großen runden Saal
führen. Zwiſchen den Eingangsſtufen auf jeder Seite
führt eine Wendeltreppe in noch tiefere Behältniſſe,
die zu beliebigem Gebrauche eingerichtet werden
können.

Bei dem verkleinerten Maaßſtabe zum Grundriſſe
ſollte ſtatt 12 Ellen 120 Ellen ſtehen.

Tafel II.

Liefert die Anſicht eines perſiſchen Pavillons,
welcher vielleicht auf einer kleinen Anhöhe, zum Genuß der ſchönſten Anſicht des Schloſſes oder Gartens, anzubringen ſeyn dürfte. Da er ſowohl zum
einſamen Ruheſitze als auch zum Verſammlungsorte
geſelliger Zirkel beſtimmt iſt, ſo wird die Anmuth
ſeiner Umgebung beſonders durch eine ſchöne Blu-
menpflanzung zu erhoben ſeyn. — Ein erforderlicher
kleiner Hügel, der ſich, wie hier, auf allen Seiten
raſch abſchneidet, und durch günſtige Anpflanzung
verſtärkt werden kann, iſt faſt aller Orten mit leich-
ter Mühe und mit wenigen Koſten aufzuführen.

Tafel III.

Fig. a. Ein Landhaus mit gothiſchen Doppel-
fenſtern. Es hat eine zirkelrunde Vorlage, die mit
ſechs einfachen hölzernen Säulen geziert iſt, und
enthält einen Saal, aus welchem man unmittelbar
in den Garten tritt, zwei Wohn- und ein Schlafzimmer, und ein halb offenes Vorhaus. Gegen Mor-
gen und Abend hat es bedeckte Plätze, zum Genuß
der freien Luft bei unfreundlichem Wetter.

Ueber den Säulen an der Vorlage iſt ein Balcon
befindlich.

Fig. b. Grundriß zu dieſem Landhauſe.

Fig. c. Eine durchſichtige Mauer von beſonders dazu verfertigten Ziegelſteinen, mit Vertiefun-
gen und in dieſe paſſende Zapfen.

Fig. d. Ein Garten=Kabinetchen mit rohen
Holzſtämmchen und Baumrinden verziert, und mit
Stroh gedeckt. Es hat rautenförmige Fenſter und
Mäuerwände.

Fig. e. Ein chineſiſches Parasol mit einer
achtſeitigen Ruhebank.

Fig. f. Ein chineſiſches Schattendach, auf
vier ſchwachen Baumſtämmen ruhend.

Tafel IV.

Dieſes Landhaus in italieniſcher Form verſpricht
gleich beim äußern Anblick dem Beſchauer eine phi-
loſophiſche Ruhe: geſchützt vor den Strahlen der

Description.

PLANCHE I.

Nous donnons dans cette planche, la représentation d'une grande pyramide, dont les
quatre côtés sont ornés d'un portique soutenu
par quatre colonnes. Le socle qui forme la
base de cette pyramide est dans le genre rustique.

De chaque portique, on descend par un escalier voûté en plein ceintre, dans une salle
ronde. Dans les vuides des quatre angles de cette
salle, sont pratiqués des escaliers tournants,
qui conduisent des caveaux, qui peuvent être
d'une grande utilité.

L'echelle de cette planche, doi, contenir 120
aunes au lieu de 12, environ 400 toises de
France.

PLANCHE II.

Elle offre la vue d'un pavillon persan, que,
pour jouir du plus bel aspect du château ou du
jardin, on placéra sur une petite élévation.
Comme il doit servir aussi bien de lieu de retraite que de lieu d'assemblé, on ne manquera
pas de relever l'agrément de ses entours par
une belee plantation de fleurs. — Un coteau
de peu de hauteur, qui, comme celui-ci, se
coupe promptement de tous côtés, et que l'on
peut renforcer par une plantation favorable,
est presque partout d'une exécution facile et
non dispendieuse.

PLANCHE III.

Fig. a. Maison de campagne à doubles fenêtres de style gothique, avec un sorjet de
forme circulaire couronné d'un balcon, et orné
de six colonnes de bois. Cette maison contient
une salle, d'où l'on entre immédiatement au
jardin, une salle à manger, un cabinet de li-
vres, une chambre à coucher, et un vestibule
à demi-ouvert.

On a pratiqué deux angars, l'un au levant,
l'autre au couchant, pour donner la facilité de
respirer le grand air, sans rien avoir à crain-
dre des intempéries des saisons.

Fig. b. Plan de cette maison.

Fig. c. Mur percé à jour fait de briques
uniquement fabriquées à cet usage avec des
crochets et des cavités où ils s'enchassent.

Fig. d. Petit cabinet de jardin fait de bois
brut, orné d'écorces d'arbres et couvert de
paille. Les fenêtres sont faites en losange, et
les murs garnis de revêtemens.

Fig. e. Parasol chinois ombrageant un
banc de repos octogone.

Fig. f. Autre parasol chinois supporté par
quatre petites tiges de bois.

PLANCHE IV.

Le seul extérieur de cette maison de campagne, de forme italienne, promet un repos
philosophique au spectateur: à l'abri des rayons

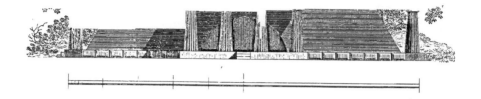

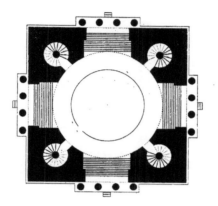

120 Ellen

N.º 1.

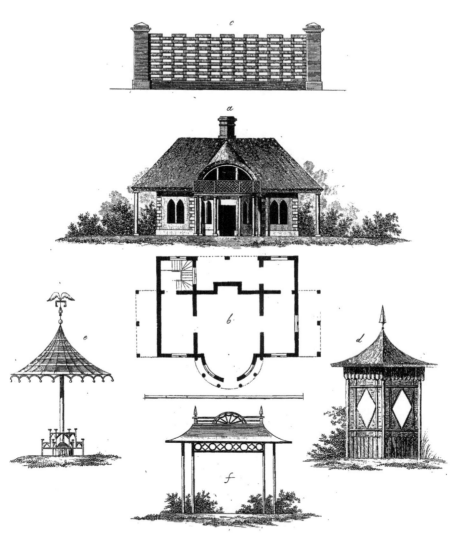

c

a

b

e

d

f

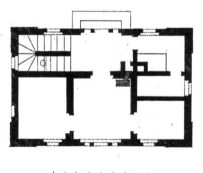

1 2 3 4 5 6 7 8 Ellen.

b.

c.

d.

2. Dr Ellen.

Sonne kann er sich dem Nachdenken überlassen; sind es zwei Personen, die die Abgeschiedenheit suchen, welcher entzückende Aufenthalt! Die fernere Eintheilung bezweckt Helle und Bequemlichkeit, somit hat der Architect alle Pflichten erfüllt, und das auf eine äußerst gefällige Art. Oben hat es einen kleinen Saal und Platformen, die als Observatorium dienen können, um die Gegend zu übersehen.

Tafel V.

Fig. a. Ein offener, achteckiger Pavillon, mit eben so vielen Giebeln und gothisch verzierten Pyramiden.

Er kann auf einem grünen Rasenplatze, zu dem mehrere Gänge führen, angebracht werden und einer Scene von leichtem Charakter zu angenehmer Zierde dienen.

Fig. b. Ein steinernes Kabinet, der Betrachtung über Tod und Unsterblichkeit geweiht, das zugleich Denkmal Verstorbener ist.

Ueber den zu beiden Seiten des Eingangs befindlichen Bänken sind Inschriften angebracht.

Fig. c. Ein offener Pavillon, auf Säulen ruhend.

Der Ueberbau ist von Quadersteinen.

Fig. d. Ein Blumengestelle, worauf vier Reihen Blumentöpfe gestellt werden können.

Eine kleine Balustrade, an deren Ende eine Kugel auf einem Piedestal steht, schließt das Ganze.

Tafel VI.

Dieses Blatt enthält eine Darstellung des sonderbarsten, burleskesten Gebäudes, das die Baukunst vielleicht je hervorgebracht hat, des Hauses der Laune, aus dem Garten des kaiserlichen Lustschlosses Laxenburg bei Wien.

Die Fenstergewände des obern Stockwerks werden von Garben gebildet, die sich über die ganze Wand ausbreiten; das Gebälke machen auf ihrem Lager liegende Weinfässer, so daß der Keller unter dem Dache liegt; auf dem Dache selbst kriechen Schildkröten, Austern und Schaalthiere aller Art herum; statt der Statuen oder Vasen stehen an den Ecken des Gebäudes große Zuckerhüte auf Stangen, an denen grüne Körbe herunterhängen; die um das ganze Hauptgebäude laufende Brüstung wird von einer Reihe Katzen gebildet, die auf den Hinterfüßen sitzen.

Das Hauptgebäude ist achteckig, hat vier Eingänge, und zwischen denselben eben so viele. Nebengebäudchen, die sich nur gegen den achteckigen Saal zu öffnen und vier Nebenkabinetchen ausmachen.

In der Nähe dieses Hauses der Laune, dessen vollständige Beschreibung mehrere Bogen einnehmen würde, sieht ein kleines Wach- oder Schilderhäuschen, das — ein nicht unglücklicher Einfall — mit lauter Menschenaugen bemalt ist. Statt der Pfeiler, welche die Ketten, womit das Häuschen umzogen ist, stützen, sieht man starke Spargelstangen aus der Erde empor stehen.

du soleil, il peut se livrer à la méditation, vi ce sont deux personnes qui cherchent la retraite, quel séjour ravissant! La construction de l'intérieur est faite de manière à offrir, le plus agréablement, la clarté et la commodité. En haut il y a une petite salle et des plates-formes, qui peuvent servir à observer la contrée.

PLANCHE V.

Fig. a. Pavillon octogene orné huit de frontons et d'autant de pyramides gothiques.

Il peut être em oyé dans une pièce verte de plusieurs allées, t embellir une scène d'un caractère léger.

Fig. b. Cabinet, consacré à la mémoire des morts, est fait pour réveiller les méditations sur le terme fatal de notre vie et sur l'immortalité.

Des inscriptions, propres à faire naître en nous ces idées salutaires, sont placées au-dessus des bancs.

Fig. c. Pavillon ouvert, dont la partie supérieure est bâtie en pierre de taille.

Fig. d. Amphithéâtre disposé pour quatre rangées de pots à fleurs.

Cet amphithéâtre est couronné d'une balustrade, surmontée à ses deux extrémités d'une boule sphérique.

PLANCHE VI.

Cette planche offre la représentation du bâtiment le plus original et le plus burlesque, qu'ait jamais peut-être produit l'architecture. Cet édifice de caprice se trouve dans le chateau de plaisance de l'empereur à Laxembourg près Vienne.

Le contour extérieur des fenêtres de l'étage supérieur, est formé de gerbées, qui garnissent entièrement les parois de la muraille. Les bouts saillants des poutres, sur lesquelles est posé, l'entablement du comble, ressemblent à des fonds de tonneaux couchés sur leurs chantiers de manière que l'on dirait, que la cave est sous le toit. Le toit lui-même, est couvert de ortues, d'huîtres et de toutes sortes d'animaux testacés.

Aux angles du comble, on voit en guise de statues ou de vases, d'énormes pains de sucre posés sur des barres de bois, qui forment la corniche de l'entablement, et aux quels sont suspendus des espèces de paniers verds. La balustrade qui regne autour du premier étage, est formée par une haye de chats dressés sur leurs pattes de derriere.

Le bâtiment est un octogone, il a quatre entrées, entre chacune des quelles, se trouve un pavillon. Ces pavillons sont autant des cabinets, qui tout aboutissent à une salle également octogone.

Auprès cet édifice aussi extraordinaire, dont la description exigerait un volume separé, on remarque une guérite, dont l'idée est assez heureuse, on y a peint sur toute sa surface, des yeux d'homme. A la place de bornes, pour soutenir les chaînes, qui entourent tout le corps du bâtiment, on voit sortir de terre, de grosses tiges d'asperges.

ANKUENDIGUNG.

Es haben sich nach und nach und wiederum die Auflagen der bekannten Kupferwerke des (grossen und kleinen) Ideen-Magazins vergriffen. Dieselben enthalten für den Architecten und jeden Künstler und Handwerker, der mit der Baukunst zu thun hat, als für Zimmerleute, Maurer u. s. w., einen wahren Schatz.

Alles, was Frankreich und England in der Periode des Erscheinens jener herrlichen Sammlungen an Ideen zu grössern und besonders kleinern, zur Zierde oder zum Vergnügen bestimmten Gebäuden, oder dafür passende Einzelheiten zu verschiedenen Bestimmungen und in eben so verschiedenen Gestalten und Geschmack boten, findet man hier in Gesellschaft einer Menge Original-Zeichnungen durch herrliche Kupferstiche dargestellt.

Der hohe Preis, welchen die erste mit so vielem Aufwande verknüpfte Herstellung dieser Prachtwerke bedung, machte es dem unbemittelteren Theil des Publicums unmöglich, sich in Besitz dieser Reihenfolge geistreicher architectonischer Erfindungen zu setzen.

Reichlich durch die zahlreiche Theilnahme belohnt, welche dieselbe bis hierher fand, hat sich die Verlagshandlung entschlossen, ihren Schatz auch dem grösseren Publicum durch die äusserst billigen Bedingungen zugänglich zu machen, welche sie für die neue Auflage eintreten lässt.

Die bisher erschienenen Hefte (jedes zu 6 fein gestochenen Blättern) werden über die grosse Reichhaltigkeit dieser Sammlung keinen Zweifel zulassen und durch die wahrhaften Kunstwerke für so geringen Preis zu recht vielfacher Theilnahme einladen.

Zwölf Hefte werden jedesmal einen Band bilden.

In dieser neuen Ausgabe des Ideen-Magazins wird nur aus den ältern Werken das gezogen, welches geschmackvoll, zeitgemäss und anwendbar ist; alles Uebrige davon wird bei Seite gelegt werden.

Baumgärtner's Buchhandlung in Leipzig.

(Alle Buchhandlungen nehmen Bestellungen an.)

IDEEN-MAGAZIN

für

Architecten, Künstler und Handwerker,

die mit der Baukunst und ihren Einzelheiten zu thun haben,

als

Maurer, Zimmerleute u. s. w.,

wie auch

für Bauherren und Gartenbesitzer,

enthaltend eine reichhaltige Sammlung von Zeichnungen zu Gebäuden aller Art und Bestimmung, mit ihren Theilen und Grundrissen,

als:

zu Stadt- Land- Gewächs- und Badehäusern, Tempeln, Capellen, Cabinetten, Balcons, Balustraden, Nischen, Zimmerverzierungen, Thuren, Fenstern und andern Einzelheiten, Brücken, Geländern, Sitzen, Vermachungen, Gatterwerken, geheimen Cabinetten, Gondeln, Schwanenhäuschen etc. etc.

Im englischen, italienischen, gothischen, türkischen, persischen, indischen und chinesischen Geschmack.

Auch zum Nachzeichnen in Sonntags- und Industrie-Schulen brauchbar.

Herausgegeben

vom

PROFESSOR J. G. GROHMANN.

Neue vermehrte Auflage.

Dritter Band, zehntes Heft von 6 Blättern.

(Preis 8 Gr.)

LEIPZIG, 1839.
Baumgärtner's Buchhandlung.

☞ [*La description des planches s'y trouve aussi en français.*]

Beschreibung.

Tafel I.

a. Eine Ruine, an welcher hinten eine Eremitage nebst Schlafgemach angebracht ist. Aus dem Schlafgemach führt eine Thüre und Wendeltreppe in den Thurm, welcher als Saal oder auch mit zum Observatorium dienen kann. Der Grundriß ist dabei befindlich.
b. Ein Stuhl von rohem Holze.
c. und d. Zwei Sopha's von rohem Holze.
e. und f. Zwei runde Stuhllehnen.
g. Ein Monument.
h. Ein Adler= oder Uhu=Behältniß.
i. Ein Stuhl von rohem Holze.

Tafel II.

Der hier dargestellte Pavillon, im Geschmack eines polnischen Gartengebäudes, gewährt auf einer Anhöhe, welche den Ueberblick der ländlichen Umgebung begünstigt und darum den Wandler zum Verweilen einladet, sowohl durch sein Inneren ein sicheres Asyl gegen überraschende Stürme und Regenschauer, als durch seine Flügelverdachungen erwünschten Schutz vor der Sonne, um mit Bequemlichkeit ausruhen und sich an den Reizen der Natur ergötzen zu können. Seine Struktur ist höchst einfach und durch rohe Baumstämme bewirkt, die ein kunstloses Strohdach tragen. Seine einzige Zierde sind wilde Weinranken, die sich locker um seine Ecksäulen winden; und das Ganze beweiset, daß eine dem gebildeten Geschmack entsprechende Eleganz auch ohne allen Luxus zu geben möglich ist. Eine Umpflanzung von einzelnen Tannen oder Weihmuthskiefern würde mit dem Charakter des Gebäudes am besten harmoniren, oder vielmehr der Styl desselben da, wo jene bereits vorhanden ist, am schicklichsten zu wählen sein.

Description.

PLANCHE I.

a. Ruines au derrière desquelles on a pratiqué un ermitage avec cabinet à coucher. Une porte ménant à un escalier en limaçon conduit de ce cabinet dans la tour, laquelle peut servir en guise de salon ou d'observatoire. Le plan y est ajouté.
b. Une chaise de bois en grume.
c. d. Deux canapés de bois en grume.
e. f. Deux dossiers de forme ronde.
g. Un monument.
h. Grande cage pour renfermer un aigle ou un hibou.
i. Une chaise de bois en grume.

PLANCHE II.

Le pavillon représenté ici, dans le goût polonais, offre sur une éminence d'où l'on peut promener ses yeux sur les alentours champêtres, et où pour cela on aime à s'arrêter, aussi bien un asile contre le mauvais temps, qu'un abri contre le soleil, pour pouvoir se reposer avec commodité et jouir des charmes de la nature. Sa construction est extrêmement simple: des troncs en grume supportent un toit de paille sans art. Son seul ornement sont des pampres sauvages qui entortillent légèrement les colonnes cornieres. Le tout prouve que l'élégance peut subsister sans aucun luxe. Un plant de peu de sapins ou de pins blancs fait autour conviendrait le plus au caractère de ce pavillon.

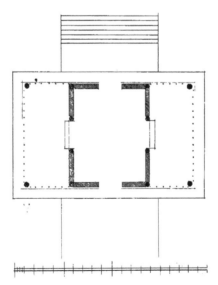

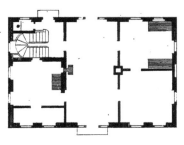

Tafel III.

Ein Landhaus nahe bei Leipzig. Es ist wegen seiner vortrefflichen innern Abtheilung und Helligkeit zur Nachahmung sehr zu empfehlen.

Tafel IV.

Ein Eingang zu einem Park oder englischen Anlage mit einer runden Aufseherwohnung. Diese Lodge, nach englischen Ausdruck, ist 13 Fuß breit und 8 Fuß und 6 Zoll hoch. Sie kann sehr gut aus Pisé erbaut werden.

Tafel V.

Dieses Blatt enthält eine schöne Verzierung eines Quellwassers. Die Füllung, aus welcher das Wasser hervor rauscht, kann mit einer passenden Inschrift versehen werden. Im obern Theile des Baues sind zwei Delphinen und zwischen ihnen ein antikes Schöpfgefäß als Verzierungen angebracht.

Das zwischen zwei Streben angebrachte Wasserbecken bildet einen halben Zirkel.

Unten ist ein runder Gartensitz mit einem Tische von derselben Form befindlich.

Tafel VI.

Fig. a. Eine große Vogelhecke im Chinesischen Geschmack.

Fig. b. Ein Gothisches Schwanhäuschen.

Fig. c. Gleichfalls ein Schwanhäuschen im Chinesischen Geschmack.

Fig. d. Eine Schaukel von sehr einfacher Erfindung, die sich aber von andern dadurch auszeichnet, daß man das Vergnügen, das diese Art von Bewegung gewährt, auch liegend genießen kann.

Fig. e und f. Zwei antike Altäre. Letzteres hat einen mit Arabesken verzierten Fries und drei Schneckenstreben.

PLANCHE III.

Maison de campagne prés de Leipzig. C'est un parfait modèle pour l'arrangement intérieur et la clarté qui y règne partout.

PLANCHE IV.

Entrée d'un jardin anglais, accompagnée d'une loge de forme ronde, servant de domicile au portier. Cette loge a 13 pieds de largeur sur 8 pieds 6 pouces de hauteur et peut être bâtie en pisé. Le tout est destiné à rendre les environs plus pittoresques.

PLANCHE V.

Cette planche contient une jolie décoration de fontaine. La table, d'où jaillit l'eau, peut être chargée d'une inscription analogue à la scène qu'elle embellit. La partie supérieure de cette fontaine est ornée d'un vase placé au milieu de deux dauphins; et le bassin, qui reçoit l'eau, est demicirculaire. Le siège de jardin et la table, qui sont au bas de la planche, sont de la même forme.

PLANCHE VI.

Fig. a. Grande volière chinoise.

Fig. b. Petite loge de style gothique pour des cignes.

Fig. c. Autre loge dans le gout chinois, destinée au même usage.

Fig. d. Escarpolette d'un genre très-simple. Elle diffère des autres, parce qu'on peut, s'y coucher, pour jouir du plaisir de balancer.

Fig. e, f. Deux autels antiques. Le dernier a une frise ornée d'arabesques et trois consoles renversées.

ANKUENDIGUNG.

Es haben sich nach und nach und wiederum die Auflagen der bekannten Kupferwerke des (grossen und kleinen) Ideen-Magazins vergriffen. Dieselben enthalten für den Architecten und jeden Künstler und Handwerker, der mit der Baukunst zu thun hat, als für Zimmerleute, Maurer u. s. w., einen wahren Schatz.

Alles, was Frankreich und England in der Periode des Erscheinens jener herrlichen Sammlungen an Ideen zu grössern und besonders kleinern, zur Zierde oder zum Vergnügen bestimmten Gebäuden, oder dafür passende Einzelheiten zu verschiedenen Bestimmungen und in eben so verschiedenen Gestalten und Geschmack boten, findet man hier in Gesellschaft einer Menge Original-Zeichnungen durch herrliche Kupferstiche dargestellt.

Der hohe Preis, welchen die erste mit so vielem Aufwande verknüpfte Herstellung dieser Prachtwerke bedung, machte es dem unbemittelteren Theil des Publicums unmöglich, sich in Besitz dieser Reihenfolge geistreicher architectonischer Erfindungen zu setzen.

Reichlich durch die zahlreiche Theilnahme belohnt, welche dieselbe bis hierher fand, hat sich die Verlagshandlung entschlossen, ihren Schatz auch dem grösseren Publicum durch die äusserst billigen Bedingungen zugänglich zu machen, welche sie für die neue Auflage eintreten lässt.

Die bisher erschienenen Hefte (jedes zu 6 fein gestochenen Blättern) werden über die grosse Reichhaltigkeit dieser Sammlung keinen Zweifel zulassen und durch die wahrhaften Kunstwerke für so geringen Preis zu recht vielfacher Theilnahme einladen.

Zwölf Hefte werden jedesmal einen Band bilden.

In dieser neuen Ausgabe des Ideen-Magazins wird nur aus den ältern Werken das gezogen, welches geschmackvoll, zeitgemäss und anwendbar ist; alles Uebrige davon wird bei Seite gelegt werden.

Baumgärtner's Buchhandlung in Leipzig.

(Alle Buchhandlungen nehmen Bestellungen an.)

IDEEN-MAGAZIN

für

Architecten, Künstler und Handwerker,

die mit der Baukunst und ihren Einzelheiten zu thun haben,

als

Maurer, Zimmerleute u. s. w.,

wie auch

für Bauherren und Gartenbesitzer,

enthaltend eine reichhaltige Sammlung von Zeichnungen zu Gebäuden aller Art und
Bestimmung, mit ihren Theilen und Grundrissen,

als:

zu Stadt- Land- Gewächs- und Badehäusern, Tempeln, Capellen, Cabinetten, Balcons, Ba-
lustraden, Nischen, Zimmerverzierungen, Thüren, Fenstern und andern Einzelheiten, Brucken,
Geländern, Sitzen, Vermachungen, Gatterwerken, geheimen Cabinetten, Gondeln,
Schwanenhäuschen etc. etc.

*Im englischen, italienischen, gothischen, türkischen, persischen, indischen und
chinesischen Geschmack.*

———

Auch zum Nachzeichnen in Sonntags- und Industrie-Schulen brauchbar.

Herausgegeben

vom

PROFESSOR J. G. GROHMANN.

Neue vermehrte Auflage.

Dritter Band, elftes Heft von 6 Blättern.

(Preis 8 Gr.)

LEIPZIG, 1838.
Baumgärtner's Buchhandlung.

☞ [*La description des planches s'y trouve aussi en français.*]

Beſchreibung.

Tafel I.

Eine Caravanſerei in Mauriſchem Styl. Dergleichen Gebäude findet man in Indien ſehr häufig, welche den Reiſenden nicht allein zum Schutz gegen das Clima, ſondern auch zur Bequemlichkeit dienen. — Aus der Tauſend und Einen Nacht, und andern morgenländiſchen Erzählungen, ſind uns ſolche unter dem Namen Caravanſerien bekannt, in Hindoſtan nennt man ſolche aber Chouterys oder Choulteries. Sie ſind meiſtentheils Stiftungen einzelner Privatperſonen für ihr Vaterland, und in ihnen muß man nicht allein den gutmüthigen Charakter der Mahomedaner, als auch den ſchönen Geſchmack in der Mauriſchen Baukunſt bewundern, welchen man an einem Theil dieſer Gebäude ſieht. — Doch iſt ſolcher nicht ſo gemein als der Indiſche.

Würden wir mit einem ähnlichen Gebäude eine ſchöne Landſchaft nicht vortrefflicher ſchmücken können?

Tafel II.

Hier liefern wir das Modell einer chineſiſchen Brücke, welche ſich in dem Garten eines Kaufmanns in Canton befindet. Solche iſt ganz von Holz gebaut, und das daran befindliche Geländer iſt von Ziegeln. — Die Pfeiler ſind Bruchſteine und übertüncht. Auf der Mitte derſelben erhebt ſich ein Pavillon in Form eines Tempels, auf welchem als Wetterfahne das Attribut des Waſſers, ein Fiſch von Eiſen, ſtark vergoldet angebracht iſt. Die in der Mitte des Pavillons hängende Kugel iſt von Glas, entweder von Goldfirniß von Innen überzogen, wodurch ſolche ganz das Anſehen einer goldenen Kugel bekommt, oder dient von weißem Glaſe, mit Cannoten bemahlt, zum Lampen oder Laternen.

Zu beiden Enden der Brücke ſind Gefäße von gebrannter Erde, in welche man entweder Blumentöpfe einſetzen, oder ſolche ſelbſt mit Erde anfüllen, und etwas darin verpflanzen kann.

Tafel III.

a. Ein ländliches Wohnhaus, nebſt
b. Grundriß des Erdgeſchoſſes.
NB. Das Gebäude, welches einen düſtern Charakter an ſich trägt, wird ſich am beſten in einer düſtern oder melancholiſchen Gartenparthie ausnehmen.
c. Ein Eiskeller in Form eines Monuments, im gothiſchen Styl.
d. Grundriß dazu.
e. Ein point de vue auf eine runde Grasparthie. Um die Urne kann der Name eines verſtorbenen Freundes geſchrieben werden.
f. Ein Gartenſitz im egyptiſchen Geſchmack.
g. Ein anderer Gartenſitz.
h. Eine Eremitage von rohen Steinen mit Moos bedeckt. Es befindet ſich darin ein vorwärts unter die Erde gehendes Magazin oder Kellerchen, wohin man von innen durch eine Falltüre ſteigen kann. Auf der Seite dieſer Eremitage befindet ſich ein Paraſol mit Stroh bedeckt.

Description.

PLANCHE I.

Cette planche offre un caravanseraï dans le style moresque. On trouve quantité de ces bâtimens dans les Indes, qui servent non-seulement d'abris aux voyageurs, contre les chaleurs qui régnent dans ces climats; mais aussi pour leur commodité. On fait assez mention de ces mêmes édifices dans les contes des mile et une nuit, et autres historiettes orientales. On les nomme Chouterys ou Choulteries dans l'Indostan. La plûpart de ces caravanseras sont érigés par de simples particuliers, par amour de la patrie, ce qui prouve non-seulement la bonté hospitalière des mahométans; mais aussi leur goût recherché et digne d'admiration, en tout ce qui concerne l'architecture moresque, laquelle domine dans ce bâtiment ci. Il faut observer cependant que cette architecture n'est pas si commune que l'indienne.

Un tel bâtiment pratiqué sur un terrain élevé, dans un parc à l'anglaise, devroit faire sans contredit un fort bon effet.

PLANCHE II.

Nous offrons ici le modelle d'un pont chinois qui se trouve dans le jardin d'un marchand à Canton. Ce pont est partiqué en bois, les parapets en sont de briques, les piles sont en pierres de taille, enduites de chaux. Il s'éleve au milieu de ce pont un pavillon en forme de temple au sommet duquel on a pratiqué en forme de girouette une poisson de fer doré comme étant l'attribut des eaux. La boule suspendue au milieu du pavillon est de verre, on s'en sert soit en en vernissant l'intérieur de couleur d'or; pour lui donner la figure d'un globe de ce métal, ou en guise de lampe ou de lanterne en y faisant peindre des caractères chinois.

PLANCHE III.

a. Habitation champêtre avec
b. le plan du rez de chaussée.
P. S. Cet édifice étant sombre, fera un excellent effet dans la partie la plus obscure et la plus triste d'un jardin.
c. Glacière en forme de monument, d'architecture gothique.
d. Le plan.
e. Point de vue sur une pièce de gazon. On peut faire mettre le nom d'un ami défunt sur l'urne.
f. Un siège en goût égyptien.
g. Autre siège.
h. Un eremitage en pierres non taillées, couvert de mousse. Il s'y trouve tout contre, un magasin ou petite cave avançant sous terre, où l'on parvient par le moyen d'une trappe qui est dans l'intérieur. L'un de ses côtés est muni d'un petit toit couvert de paille, pour garantir du soleil.

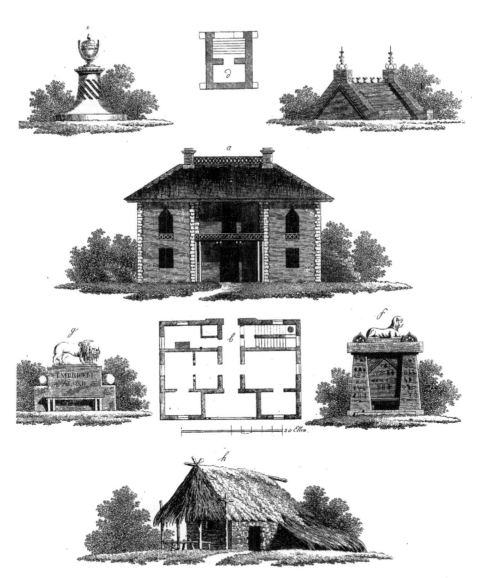

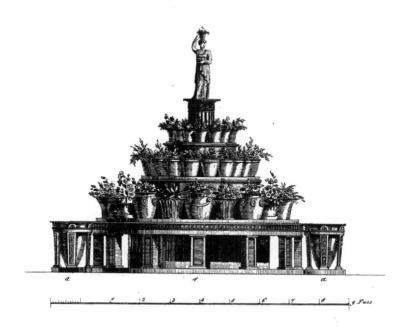

a   1   a

1   2   3   4   5   6   7   8   9 Fuss

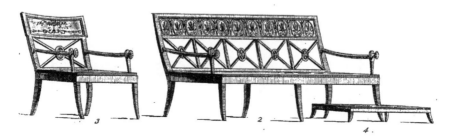

3   2   4

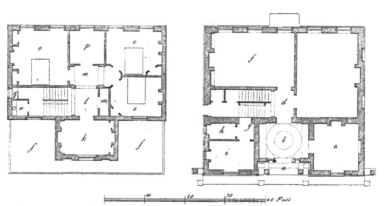

10   20   30   40 Fuss

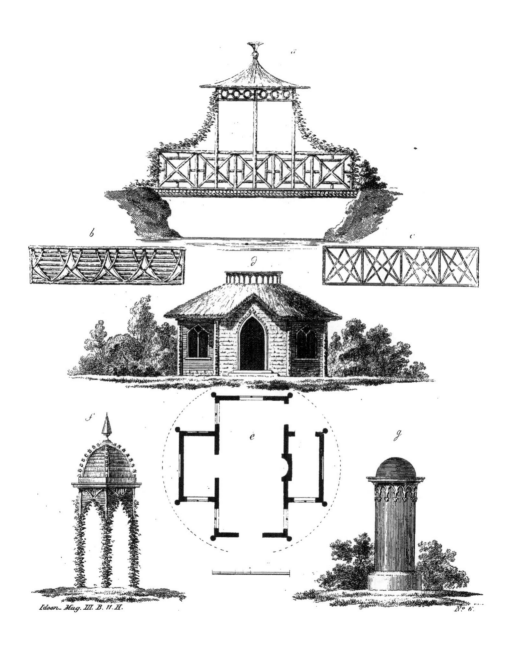

Tafel IV.

1. Eine Blumenstellage in einem Garten, oben ist eine Figur, welche willkührlich sein kann, von gebrannten Ton, und broncirt.
2. Ein Sopha in einem Gartenhause.
3. Ein Gartenstuhl.
4. Eine Fußbank.

Tafel V.

Auf diesem Blatt ist ein Sporting=Lodge enthalten, das eine schöne Ansicht gewährt, und für einen Kaufmann bestimmt zu sein scheint. Küche, Bedientenwohnungen u. s. f. werden in Nebenge= bäude angebracht.

Aus dem bedeckten, von zwei Pfeilern gestützten Westbül a gelangt man durch eine Doppelthür, an beiden Seiten mit einem schmalen Fenster, in den Vorsaal b, aus diesem rechts in das Puzzimmer c; und dem Eingang gerade gegenüber in das Treppen= haus d, das zur Rechten einen Eingang von außen hat; dem gegenüber man in das große Gesellschafts= zimmer e, und der Thür, die aus dem Vorsaal in das Treppenhaus führt, gegenüber in den Speisesaal f kommt. Aus dem Treppenhause führt auch eine Thür in einen kleinen Vorsaal g, und aus diesem in das kleine Kabinett h, und das Studierzimmer oder die Bibliothek i.

Im obern Stockwerk sind enthalten: das Wohn= zimmer k für die Damen; der Vorsaal l, ein kleines Kabinett m, ein Kommunicationssaal n, drei Schlaf= zimmer o, ein Ankleidezimmer p, ein Gosse q und eine Bequemlichkeit r. Die Plateforme ist mit Blei, Blech oder Kupfer gedeckt.

Tafel VI.

Fig. a. Eine Chinesische Brücke von rohen Stämmchen mit einem Pavillon. Das Dach dessel= ben ist von Stroh oder Schilf. An allen vier Seiten ziehen sich von unten bis unter das Dach des Pa= villons Guirlanden von Epheu oder Immergrün.

Fig. b. Vermachung von rohen Stämmchen.

Fig. c. Vermachung von Lattenwerk im Chi= nesischen Geschmack.

Fig. d. Ein ländliches Gartengebäude von Ziegelsteinen und Holz, in einem Griechischen Kreuz. Das Dach, das acht rohe Stämme tragen, bildet einen Zirkel, der über dem Eingange unterbrochen wird, und in einem dreieckigen Giebel ausgeht; es ist von Stroh. Die abgestumpfte Spize desselben macht einen Altan, der mit einer Galerie umge= ben ist.

Fig. e. Grundriß zu vorstehendem Gebäude. Es enthält einen Saal, mit einem Nebenzimmer, und ein Kabinett.

Fig. f. Ein kleiner Pavillon von Holz. Die vier Säulchen desselben sind mit Epheu bekleidet.

Fig. g. Eine Brunnenverkleidung, die aber auch zu einer Bequemlichkeit dienen kann.

PLANCHE IV.

1. Un étalage à fleurs, partiquable dans un jardin, le bout en est surmonté d'une statue à volonté, de plâtre bronzé.
2. Un sopha propre à être placé dans le ca- binet d'un jardin.
3. Une chaise de jardin.
4. Un marche-pied.

PLANCHE V.

On voit dans cette planche un Sporting-Lodge; il fait un fort bel effet et paraît destiné pour un négociant.

Les cuisines, les chambres de domestiques etc. sont dans de petits bâtiments adjacents.

Du vestibule couvert a, soutenu par deux pilastres, on pénètre par une porte vitrée à deux battants, qu'accompagne de chaque côté un pan- neau étroit de vitres, dans l'antichambre b, d'où l'on se rend sur la droite, dans un cabinet de toilette c, et en face, dans la cage de l'escalier d, où se trouve à gauche, une issue dans le dehors; en face de cette issue à droite, est un grand salon de compagnie e, la porte de la salle à manger f, se trouve directement vis-à-vis celle du vestibule. On trouve encore sur la gauche de l'emplacement de l'escalier, une autre porte, qui conduit dans une seconde antichambre g, où aboutissent le petit cabinet h, et la biblio- thèque ou le cabinet d'étude i.

L'étage supérieur contient l'antichambre l, l'appartement des dames k, un petit cabinet m, un corridor n, où correspondent les trois chambres à coucher o, o, o, dans l'une desquelles se trouve le petit cabinet q, qui sert de décharge pour les eaux, un lieu d'aisance r, et une chambre pour faire la toilette p. La plate-forme est couverte en plomb, en plaques de fer blanc ou en cuivre.

PLANCHE VI.

Fig. a. Pont chinois, en branches de bois brut, surmonté d'un pavillon, couvert de chaume ou de roseaux. Des guirlandes de lierre, partant des quatre coins du pavillon, viennent tomber sur les extrémités des garde-fous.

Fig. b. Cloture en petit bois brut.

Fig. c. Cloture en treillage dans le goût chinois.

Fig. d. Maisonnette rustique pour un jardin, construite en bois et briques. Son toit, couvert de paille, est porté par huit arbres enveloppés de leur écorce, et forme un cercle, qui n'est inter- rompu que devant la porte d'entrée, où il com- pose un fronton triangulaire. Son comble en forme de terrasse, est entouré d'une balustrade.

Fig. e. Plan de cette maisonnette, qui con- tient une salle, une chambre et un cabinet.

Fig. f. Petit pavillon en bois, soutenu par quatre colonnes entourées de lierre.

Fig. g. Revêtement d'une fontaine, duque on peut changer la destination en des commodités

ANKUENDIGUNG.

Es haben sich nach und nach und wiederum die Auflagen der bekannten Kupferwerke des (grossen und kleinen) Ideen-Magazins vergriffen.
Dieselben enthalten für den Architecten und jeden Künstler und Handwerker, der mit der Baukunst zu thun hat, als für Zimmerleute, Maurer u. s. w.,
einen wahren Schatz.

Alles, was Frankreich und England in der Periode des Erscheinens
jener herrlichen Sammlungen an Ideen zu grössern und besonders kleinern,
zur Zierde oder zum Vergnügen bestimmten Gebäuden, oder dafür passende
Einzelheiten zu verschiedenen Bestimmungen und in eben so verschiedenen
Gestalten und Geschmack boten, findet man hier in Gesellschaft einer Menge
Original-Zeichnungen durch herrliche Kupferstiche dargestellt.

Der hohe Preis, welchen die erste mit so vielem Aufwande verknüpfte
Herstellung dieser Prachtwerke bedung, machte es dem unbemittelteren Theil
des Publicums unmöglich, sich in Besitz dieser Reihenfolge geistreicher
architectonischer Erfindungen zu setzen.

Reichlich durch die zahlreiche Theilnahme belohnt, welche dieselbe
bis hierher fand, hat sich die Verlagshandlung entschlossen, ihren Schatz
auch dem grössern Publicum durch die äusserst billigen Bedingungen zugänglich zu machen, welche sie für die neue Auflage eintreten lässt.

Die bisher erschienenen Hefte (jedes zu 6 fein gestochenen Blättern)
werden über die grosse Reichhaltigkeit dieser Sammlung keinen Zweifel
zulassen und durch die wahrhaften Kunstwerke für so geringen Preis zu
recht vielfacher Theilnahme einladen.

Zwölf Hefte werden jedesmal einen Band bilden.

In dieser neuen Ausgabe des Ideen-Magazins wird nur aus den
ältern Werken das gezogen, welches geschmackvoll, zeitgemäss und anwendbar ist; alles Uebrige davon wird bei Seite gelegt werden.

Baumgärtner's Buchhandlung in Leipzig.

(Alle Buchhandlungen nehmen Bestellungen an.)

IDEEN-MAGAZIN

für

Architecten, Künstler und Handwerker,

die mit der Baukunst und ihren Einzelheiten zu thun haben,

als

Maurer, Zimmerleute u. s. w.,

wie auch

für Bauherren und Gartenbesitzer,

enthaltend eine reichhaltige Sammlung von Zeichnungen zu Gebäuden aller Art und
Bestimmung, mit ihren Theilen und Grundrissen,

als:

zu Stadt- Land- Gewächs-. und Badehäusern, Tempeln, Capellen, Cabinetten, Balcons, Balustraden, Nischen, Zimmerverzierungen, Thüren, Fenstern und andern Einzelheiten, Brücken, Geländern, Sitzen, Vermachungen, Gatterwerken, geheimen Cabinetten, Gondeln, Schwanenhäuschen etc. etc.

Im englischen, italienischen, gothischen, türkischen, persischen, indischen und chinesischen Geschmack.

———

Auch zum Nachzeichnen in Sonntags- und Industrie-Schulen brauchbar.

Herausgegeben

vom

PROFESSOR J. G. GROHMANN.

Neue vermehrte Auflage.

Dritter Band, zwölftes Heft von 6 Blättern.

(Preis 8 Gr.)

———

LEIPZIG, 1839.
Baumgärtner's Buchhandlung.

[*La description des planches s'y trouve aussi en français.*]

Beschreibung.

Tafel I.

Dieses Blatt enthält Trümmer eines ehemaligen Raubschlosses an einem Flusse, die in einer romantischen Gartenscene leicht ihren Platz finden werden.

Wildheit und Dürre der zunächst liegenden Theile des Gartens werden die an und für sich schon lebhaften Wirkungen, die vermöge der dabei nothwendigen Ideenverbindungen in uns hervorgebracht werden, noch vermehren.

Ein rauher, hoher Fels würde diesem Werke vielleicht zu noch besserer Basis dienen.

Im Innern dieser halb verfallenen Mauern können nach dem Bedürfniß und der Bequemlichkeit des Besitzers künstlich versteckte Zimmer angelegt werden, die um desto größere Ueberraschung bewirken werden, je weniger man hier Zierlichkeit, modernen Geschmack und kunstvolle Anordnung erwartet.

Tafel II.

Grundrisse und Aufriß eines Jagdhauses.

Es enthält im Erdgeschoß (siehe den Grundriß): a, ein schönes, großes Gesellschaftszimmer, b, das Treppenhaus, c, ein Vorhaus an der hintern Seite, d, eine große, sehr geräumige Küche, e, ein kleineres Gesellschaftszimmer, f, ein Scheuer= oder Waschhaus, g, ein Chinesisches Kabinett und h, eine Domestikenstube.

Im ersten Stockwerk sind enthalten: a, der Gang, worein man von der Treppe tritt, b und c, Schlafkammern, d, eine Schlafkammer für das Gesinde, e, ein Ankleidezimmer, und f, ein großes Schlafzimmer für die Herrschaft.

Tafel III.

a. Eine Gartenloge von rohem Holze und Matten mit Volieren.
b. Ein Adlerkäfig mit einem Unterbau für Kaninchen oder Seidenhaasen.
c. Ein runder Gartensalon von oben erleuchtet, von Ziegel oder Holze, von lebendigem Grün umgeben.
d. Grundriß dazu.
e. Eine doppelte steinerne Gartenbank mit Blumenkörbchen zu beiden Seiten.
f. Grundriß dieser Bank.
g. Ein runder Jagdpavillon, dessen Dach auf 6 Säulen ruhet, welche mit Immergrün umlaufen sind. Der Pavillon ist von rohem Holz und durchsichtig.

Description.

PLANCHE I.

Cette planche représente les ruines d'un château ou repaire de brigands situé au bord d'un fleuve. Elles feroient un effet merveilleux dans une partie de jardin, qui offriroit un site romanesque.

L'air aride et sauvage des parties environnantes ne contribueroit pas peu à donner de l'énergie aux sensations, déjà vives par elles-mêmes, que la liaison nécessaire des idées réveilleroit en nous.

Cette ruine seroit peut-être plus avantageusement placée encore, si elle l'étoit à la pointe d'un rocher âpre et escarpé.

Les besoins ou le goût du propriétaire peuvent le porter a recourir à l'art, pour masquer, au milieu de ces murs, à moitié écroulés, des chambres qu'il y auroit pratiquées, et qui produiroient une surprise d'autant plus grande, qu'on s'attendroit moins à y trouver le luxe moderne dirigé par une main habile.

PLANCHE II.

Plan et élévation d'un rendez-vous de chasse.

Rez de chaussée; a, belle et grande salle de compagnie, b, l'escalier, c, vestibule dans la partie de derrière, d, grande et belle cuisine, e, petite salle de compagnie, f, lavoir, g, cabinet chinois, h, chambre de domestiques.

1er Etage; a, corridor, qui se trouve au haut de l'escalier, b et c chambres à coucher; d, chambre à coucher pour les domestiques, e, cabinet de toilette, f, Grande chambre à coucher pour les maîtres.

PLANCHE III.

a. Une loge de bois en grume et de nattes, avec volière.
b. Cage propre à renfermer des aigles, avec un appui où l'on peut mettre des lapins ordinaires ou d'Angora.
c. Salle ronde, éclairée du haut, construite en briques ou en bois et entourée de verdure.
d. Le plan.
e. Banc de pierre et à deux faces, au deux côtés duquel se trouvent des corbeilles de fleurs.
f. Plan de ce banc.
g. Pavillon de chasse de forme ronde, dont le toit repose sur 6 piliers entourés de pervenche. Il est de bois en grume et à jour.

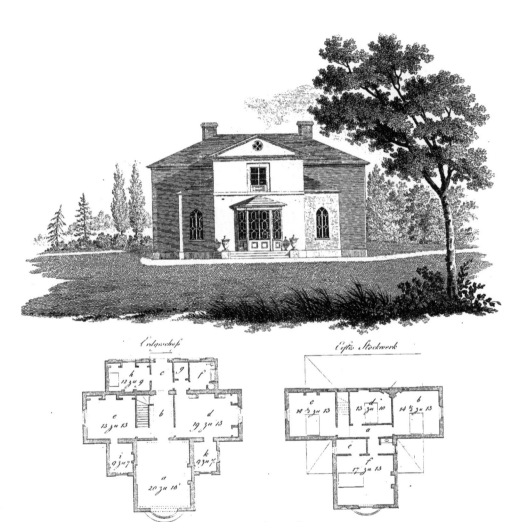

Erdgeschoß

Erstes Stockwerk

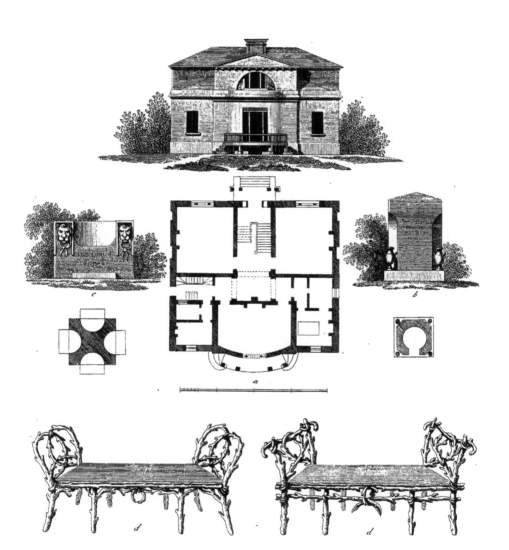

c

a

b

d   d

Tafel IV.

Bei dem auf diesem Blatte vorgestellten Gebäude setzt der Künstler einen zirkelrunden Hügel voraus, der im Durchmesser 24 Ellen und 9 Ellen in der Höhe hat. Dieser Hügel wird von vorn so weggestoßen, daß in der Mitte desselben ein sehr süßes Cabinet, 6 Ellen ins Gevierte, und von starken guten Steinen gewölbt, angelegt werden kann. Zu beiden Seiten gehen von außen Treppen hinauf, welche entweder mit dem Cabinet, oder mit der Peripherie des Hügels parallel laufen. Die Stufen der Treppen werden durch Verkleidungen, die im Gothischen Geschmack gearbeitet sind, verdeckt. In jeder der hervorragenden und immer höher emporsteigenden Ecken liegen, zwei Stufen eingejacht.

Diese Stufen führen auf einen viereckigen mit Steinen belegten Platz über dem Cabinet, welcher vorn und hinten mit einer Balustrade von Holz im Gothischen Geschmack versehen ist, und zu einem lustigen ins Freie Aussicht habenden angenehmen Aufenthalt dient. Ueber diese Balustrade wird ein Zelt angebracht, das man noch mit Parasols versehen kann, die Sonnenhitze von allen Seiten abzuhalten.

Das Uebrige des mit Gesträuch dicht bewachsenen Berges läuft hinten mit den Stufen konisch hinauf, und endet sich auch in der Höhe der Stufen oder des steinernen viereckigen Platzes.

Von hinten könnte man unter dem Hügel, oder unter dem steinernen Cabinet, einen guten Keller oder eine Eisgrube anbringen. Man müßte dann von der äußersten Peripherie des Hügels an bis in die gehörige Tiefe Stufen anlegen, vermittelst deren man durch einen gewölbten Kellerhals bis in die Eisgrube, die ebenfalls ein tüchtiges Gewölbe sein müßte, hinab käme. Die Eisgrube kann 9 bis 10 Ellen lang sein, und unter dem steinernen Cabinet weggehen.

Tafel V.

Hufeland sagt in seiner berühmten Kunst das menschliche Leben zu verlängern: „Fast jede Stunde des Tages hat eine Pflanze, die sich da schließt, und darauf gründet sich die Pflanzenuhr." Der Künstler faßte diese schon bekannte Idee auf, um sie als einen Beitrag zu unserm Magazin zu benutzen. In der Mitte der zwei runden Stufen auf einem freien Hügel steht eine wahre Sonnenuhr in Gestalt eines Denkmals, und um sie herum die in dieser Rücksicht merkwürdigen Pflanzen, die ein aufmerksamer Botaniker schon anzugeben wissen wird. Natürlicher Weise dürfen auf der Mittagsseite um den Hügel her keine Bäume stehen.

Tafel VI.

a. Ein Landhaus in englischem Geschmack.
b. Eine Quellenverzierung in der Form eines Monuments.
c. Ein steinerner Ruhesitz zu 4 Plätzen.
d d. Zwei Gartensitze von rohem Holz. Der Sitz ist mit Rasen belegt, oder mit Brettern.

PLANCHE IV.

La construction du batiment que l'on voit sur cette planche, suppose une petite élévation en terre, de forme ronde, ayant quarante huit pieds de diamétre, sur douze de hauteur. Le devant de cette terrasse doit être taillé, de façon qu'on puisse pratiquer dans le centre un cabinet de douze pieds carrés, qui aura une voute de bonnes pierres de taille bien renforcée. Il s'élève de chaque côté en dehors un escalier on à marches droites, ou à marches courbes. Les marche des l'escalier sont masquées par un revêtement d'un style gothique, et l'on a enchassé dans chacun des angles saillans, et qui s'élèvent toujours davantage deux marches.

On monte par ces escaliers à une piéce carrée pavée de mosaïque, qui est au dessus du cabinet: elle est ornée devant et derrière d'une balustrade, de bois d'un travail gothique, et offre un abir délicieux, où l'on jouit d'un air aussi pur que le feu sacré de la pensée, d'une vue piquante, agréable et étendue. Cette balustrade est surmontée d'une tente, et l'on peut encore la fournir de parasols afin de rendre ce séjour impénétrable aux rayons du soleil.

Le reste de cette petite terrasse est couvert d'épais buissons, qui s'élèvent en forme de cone jusqu'à la hauteur des escaliers ou de la petite salle carrée.

On pourroit pratiquer sur le derrière de la terrasse, comme le cabinet en pierrés, une excellente cave ou glaciére. Il faudroit pour cela établir, depuis l'extrémité de la périphérie de cette élévation, jusqu'à la profondeur requise, un escalier, au moyen duquel on pût descendre par une échappée en voûte dans la glaciére, qui doit aussi être solidement voûtée. On peut lui donner dix-huit á vingt pieds de longueur, en lui donnant de l'étendue sous le cabinet.

PLANCHE V.

Mr. Hufeland dit dans son ouvrage célèbre, de la manière de prolonger la vie humaine, qu'il n'est pas d'heure dans le jour qui ne voie éclore des fleurs, et que c'est à cela que l'horloge de Flore doit sa naissance. L'artiste a saisi cette idée déja connue, pour enrichir notre magasin d'un cadran solaire, en forme de monument. Il s'élève au milieu d'un petit plateau rond formé de deux marches, est entouré de plantes qu'un botaniste exact observateur saura choisir, telles qu'il les faut, pour répondre à la fin qu'on se propose. Il n'est pas nécessaire d'avertir que cette terrasse ne doit être ombragée d'aucun arbre du côte du midi.

PLANCHE VI.

a. Maison de campagne à l'angloise.
b. Ornement d'une fontaine en forme de monument.
c. Siège en pierre à 4 places.
d d. Deux sièges en bois non écorée, gazonnés ou recouverts avec des planches.

ANKUENDIGUNG.

Es haben sich nach und nach und wiederum die Auflagen der bekannten Kupferwerke des (grossen und kleinen) Ideen-Magazins vergriffen. Dieselben enthalten für den Architecten und jeden Künstler und Handwerker, der mit der Baukunst zu thun hat, als für Zimmerleute, Maurer u. s. w., einen wahren Schatz.

Alles, was Frankreich und England in der Periode des Erscheinens jener herrlichen Sammlungen an Ideen zu grössern und besonders kleinern, zur Zierde oder zum Vergnügen bestimmten Gebäuden, oder dafür passende Einzelheiten zu verschiedenen Bestimmungen und in eben so verschiedenen Gestalten und Geschmack boten, findet man hier in Gesellschaft einer Menge Original-Zeichnungen durch herrliche Kupferstiche dargestellt.

Der hohe Preis, welchen die erste mit so vielem Aufwande verknüpfte Herstellung dieser Prachtwerke bedung, machte es dem unbemittelteren Theil des Publicums unmöglich, sich in Besitz dieser Reihenfolge geistreicher architectonischer Erfindungen zu setzen.

Reichlich durch die zahlreiche Theilnahme belohnt, welche dieselbe bis hierher fand, hat sich die Verlagshandlung entschlossen, ihren Schatz auch dem grössern Publicum durch die äusserst billigen Bedingungen zugänglich zu machen, welche sie für die neue Auflage eintreten lässt.

Die bisher erschienenen Hefte (jedes zu 6 fein gestochenen Blättern) werden über die grosse Reichhaltigkeit dieser Sammlung keinen Zweifel zulassen und durch die wahrhaften Kunstwerke für so geringen Preis zu recht vielfacher Theilnahme einladen.

Zwölf Hefte werden jedesmal einen Band bilden.

In dieser neuen Ausgabe des Ideen-Magazins wird nur aus den ältern Werken das gezogen, welches geschmackvoll, zeitgemäss und anwendbar ist; alles Uebrige davon wird bei Seite gelegt werden.

Baumgärtner's Buchhandlung in Leipzig.

(Alle Buchhandlungen nehmen Bestellungen an.)

Lightning Source UK Ltd.
Milton Keynes UK
UKHW020713050119
334854UK00004B/236/P